魔を寄せつけない自分をつくる

森妙子

Barricading your mind
from negative energy

Mori Taeko

たま出版

はじめに

私は現在、オーストラリアに住んでいる。

かつて、シドニー市内で小さな化粧品の店を経営していた時のことだ。お客様に商品を届ける途中の電車の中で、ある不思議な人物に出会った。

シドニーのウィンヤードという駅で電車が停まったときに、その人は私のいる車両に乗ってきた。

その女性は、後でどう考えても、私を捜しにきたという気がしてならなかった。彼女は、誰かを捜すような仕草で電車に乗ってきて、私と視線が合った時、その表情が、「ああ、あなた、ここにいたのね」と言ったように見えたからである。

その白人の女性は、他に空席があったにもかかわらず、迷わず私の隣に座った。私は心の中で「知っている人かな？　誰だっけ？」と思い出そうとした。

彼女は隣に座ると「私はアメリカから休暇で来ているのよ」と話しかけてきた。そして「私は、ダイビングをしに来たの。ダイビングするから私は魚を食べないの。そうすれば、魚も私を食べようとはしないわ」と言った。

こうした会話から、この人はもしかしてスピリチュアル系の人なのかなと思い、「あなたもカルマを信じるの？」と訊いてみた。

この質問から始まって、やがて、お互いどのような本を読んでいるのかという話にまで発展した。

私が降りる駅で彼女も降りて、改札まで一緒に歩いた。別れ際に彼女は、私の両手を固く握りしめて「私は北半球に戻るけど、あなたには地球のこちら側でしなくてはいけないことがあるのよ」と言った。私にはそのとき、彼女が何を言っているのか分からなかった。不思議な人もいるものだなと思った。

私はそのころ、もし自分が死を迎えたときに、神様に「あなたは、生きている間、何をしましたか？」と問われたら、せめて即答できるように生きたいと願っていた。「えっと……その……わいわい騒いだり、あとは食べて寝て、特に深く考えずに、ぼーっとしてました」とは答えたくないと思っていた。実際に、私はそれまでの人生の大半をそのように過ごしていたのだ。

私がその不思議な女性に会ったのは、三十代が終わりを告げる頃のことだ。

それ以来、私は自分の使命とは何かを考え続けた。そしてその末に、やっと「アイデンティティー」の意味を深く掘り下げて追究することが自分の使命だという結論にたどり着いた。


アイデンティティーは、深いところでスピリチュアルな世界とつながっている。

例えば、自己の中のエゴは、自らのアイデンティティーを抜き取って自分の外に注意を向けさせ、内側がからっぽになるように巧みに仕向けてくる。こうして出来上がる空洞に、魔が入り込む。その魔の力は、近年ますます勢力を増しているのだ。


どうか一人でも多くの方が、魔に吹き飛ばされないくらいのしっかりとしたアイデンティティーを築かれることを心より願ってやまない。

本書が少しでもそのお役に立てれば、私にとってこれ以上の喜びはない。

目次

第1章

氏名には、その人の使命が神から指名されている

1. アイデンティティーとは「創造できる存在」のことでもある

ここ数年、魔の力が強みを増している。魔とは、人々が悟りの境涯に達しようとしているときなどに邪魔をする力だ。空中にシンボルを描くタイプの呪いやお祓い、宇宙エネルギーを利用した手当て治療のレイキなどは、途中でかき消されてしまうほどの勢いだ。祈願などは、きちんと紙に書かなくては、神に届かず途中で打ち消されてしまう場合もある。自分の心の中に、常に神とつながる神聖な部分と、本物のアイデンティティーを持ち続ける以外に、暴走している状態の魔には太刀打ちできないかもしれない。

アイデンティティーという言葉の意味を辞書で引いてみると、大抵は、個性、自分を証明するもの、自己などと書かれているが、どの言葉もぴったりこない。はっきり言えば、該当する日本語がない。日本では、長い間、〝出る杭は打たれる〟ごとく、個性をおおっぴらにアピールするのはよくないと考えられていたためだろう。

この言葉に一番近い日本語は、福沢諭吉の基本思想であった「独立自尊」ではないか。

ただ、福沢諭吉が後に、人の上に人をつくり、人の下に人をつくる帝国主義に傾いたという点を考えてみると、福沢諭吉が唱えた独立自尊は、西洋の個人主義に似ているものだったかもしれない。

私たちは、「自分のこと」つまり「自分の利益」は自動的に考えるが、一見、自分の利益には関係ないように思える「自分について」は、あまり考えない。個人主義とはまさに前者であり、アイデンティティーとは後者である。福沢諭吉が唱えた「独立自尊」には、「自分の利益」が含まれていた可能性が高い。

借り物のアイデンティティーを振りかざしている人は、世の中に案外多く存在している。私の元主人は、ニュージーランド人であったので、日本国のビザを申請しなくてはならなかったが、入国管理局員の態度には、私も元主人もがっかりした。日本政府がビザを発行しているにもかかわらず、まるで自分の権威でビザを発行してやっているんだぞと言わんばかりの態度をとる局員は存在する。

私の現在のパートナーは、マカオ出身の人で、日本に留学をした経験を持っているが、彼もまた管理局員の横柄な態度に閉口したらしい。亭主の地位が高いと自分も偉ぶってしまう勘違い奥様のようで情けない。

このような理由から、ホンダ（本田技研工業）の創立者であった故・本田宗一郎氏は、社宅をつくるのを嫌った。社宅をつくると、階級はプライベートや、最悪の場合は、子どもたちの世界にまで及ぶかもしれないからだ。

私は、借り物のアイデンティティーを振りかざしている人を見ると、宮崎監督の『千と千尋の神隠し』に登場する顔のないお化け「カオナシ」を連想してしまう。神戸連続児童殺傷事件を起こした少年の犯行声明文にも「透明な存在であり続ける僕をつくりだした義務教育……」とあった。少年の言う「透明な存在」とは、つまりノーフェイス、顔のないお化けのようなもので、アイデンティティーがないことを示す。個性を認めない日本の教育は、これからもこうした透明な存在を生み出していく可能性を十分持っている。

「透明な存在」は、自分で考える能力がないために洗脳されやすく、権力にとっては都合がよく、利用しやすい。透明な存在の集団が、帝国主義やナチス・ドイツを生み出した。

アイデンティティーのない人たちが集団行動をとるのが危険なのは、集団が、万が一間違った方向に進んでも、誰も気づかないからだ。または、気づいても怖くて意見を言えないからだ。アイデンティティーがないと、人間は強いものに弱く、弱いものに強くなりがちになる。中身がないので、護身のために、強いものには従い、逆に弱いものに対しては、中身のなさの劣等感をぶつけたい衝動にかられたりする。あとを絶たない青少年のいじめ問題の原因はここにある。現に、神戸の児童殺傷事件を起こした少年も、自分より弱い立場である子どものみを襲った。

アイデンティティーなくして、長い物に巻かれない方がいい。もしそれが本当に望ましいのなら、私たちはクローンでもよかったはずだが、私たちはクローンとしては生まれてこなかった。

最近の日本の政権は、愛国心をあおる意図があるようだが、国民一人一人のアイデンティティーの確立を優先しなければ、未熟な愛国心は、ただの異文化排斥へと傾いてしまう危険がある。アイデンティティーを持っていない人は、心のどこかに憤りを感じている。その不満や怒りをぶつける対象として、実態をもたない異文化排斥思想は適している。区別や差別をすると、優越感が得られると同時に帰属意識が満たされるため、アイデンティティーがない焦りは一時的にでも癒やされる。

母親の子ども自慢話は、聞く側にとってなぜつまらないのだろうか。『わが青春に悔いあり』（遠藤周作著・角川文庫）というエッセイの中に、子どもの話しかしない女は、そのうちに夫にもあきられる、自分の子どもがかわいいのは、誰でも同じだが、それを他人に強要するなと書かれている。

女性の場合、結婚して子どもが出来ると、妻であり母である役割に専念する。自分を後回しにしてまで相手に尽くす行為は尊い。ただし、妻であり母である役割は、あくまでも相手がいて成り立つ性質を持っている。妻でなく母でなければ、私は誰だろう？　と常に自分を忘れない努力は必要だ。私も、子どもの話しかしない女性より、自分について話せる何かを持っている女性の方が好きだ。

自分自身の存在、つまりアイデンティティーを置き去りにすると、子どもが結婚した後でも、子離れができず、息子の嫁にけちをつけたりして、子どもの結婚の邪魔をしたり、うわさ話に花を咲かせたりする羽目となる。せっかくの尊い妻の愛や母の愛も、時期を間違えれば重荷となったり、恩着せがましい愛へと変化してしまう。ある日本のタレントが、テレビで「自分の長男が恋人です」と言ったのを聞いたとき、私は彼女が冗談で言っているのではないのを感じとって、気持ちが悪くなった。

アイデンティティーという言葉の意味を説明し始めると一冊の本が出来上がってしまいそうなほどに、この言葉の意味は深い。

私の義父が、今の世の中に欠けているものは「創造性」だと言ったことがある。私には、はじめその意味がよく分からなかったが、今は理解できる。人々が、創造性なく皆と同じことをすれば、必然的にそこには競争が生まれるが、すべての人が創造性を発揮すると、それぞれが誰にも真似《まね》をできないことをするのだから、競争の必要性はまったくなくなる。

アイデンティティーとは、「創造できる存在」とも説明できる。日本で「私的《わたしてき》」という新しい言葉が出来たが、この言葉は、間違った日本語であると批判されながらも、一般的に認められてきたようだ。

「私的」という言葉には、「私」ではあるが、「あなたと同じ私ではなく、この私だ」という意味合いが込められているように思える。同じ人間だが、一人一人がそれぞれ違っているユニークな存在であるということを、新しく生まれた「私的」という言葉は表現しているように思えるのだ。

新しく存在するものが出来たから新しい言葉が生まれたのであり、その新しい言葉を間違っているとはじめから否定するよりは、どのようにしてそのような言葉が生まれたのかの原因を探ってみた方がいい。今のところ、アイデンティティーにぴったりとした日本語が見当たらないが、「私的」がそれに一番近いかもしれない。

この「私的」という言葉が日本で認められ始めた頃から、「隠し事はもうできない、私はこれが好きで、これが嫌いだ」と人々に宣言させてしまうような助け舟的なエネルギーが、魔に対抗すべく地球に注がれるようになった。これについては、あとで詳しく説明したいと思う。

このようなエネルギーを浴びると、人々は、アイデンティティーをもっと簡単に確立しやすくなる。自分が好きなことの中に天職や使命を見つけられるヒントが隠されている場合が多いので、嫌いなことを消去していけば、的を絞りやすくなるからだ。

2. 氏名には、その人の使命が神から指名されている

使命とは、「命を使う」と書く。道具をただ持っているのと、道具を使って何かをするのでは大きな違いがあるように、命とは、ただ持っているだけではなく、使わなくてはいけないものらしい。

人は使命を果たしているときに、生き生きとして光を放つようになるので、邪悪なものは手出しができなくなる。家具や道具、機械も、使わなければ埃だらけになって機能しなくなるのと同じように、命を使っているか否かでその人の生命力は左右される。家がいったん空き家になるとすごい勢いで傷むのと同じで、命も空き家のごとく使用しなければ、瞬く間に衰えてしまう。

使命は、アイデンティティーに密接に関わってくる。その関係は図1のようになり、この二つの要素を合わせたものが命と呼ばれるものなのかもしれない。

みなさんは、『小林正観さんの奇跡のセイカン』（西本真司著・マキノ出版）を読まれた

図1

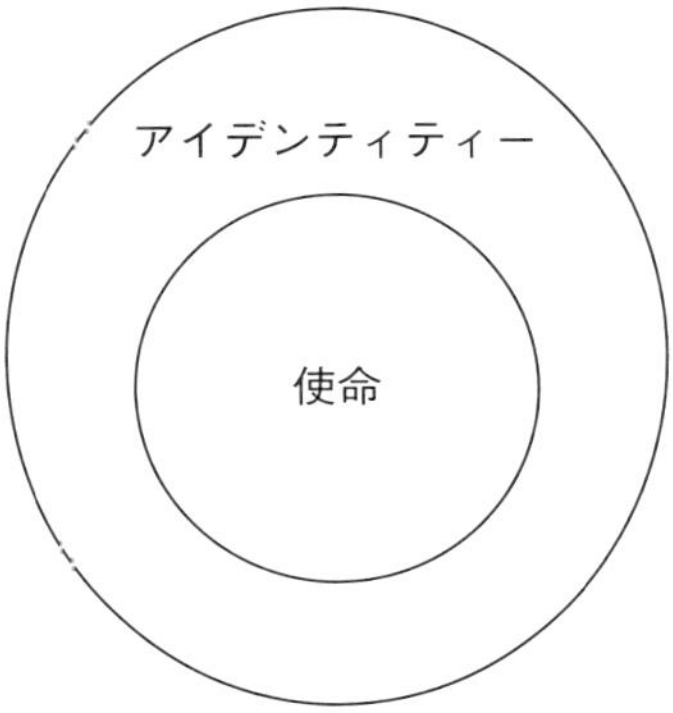

ことがあるだろうか。題名のセイカンは、故・正観氏の名前と「生還」をかけてある。この本には、自分の氏名から自分の役割を引き出す方法が書かれている。その方法については、著作権の関係で本書では紹介できないが、インターネットでも検索できるので、ぜひご一読いただきたい。

私は、早速この方法で自分の名前を分析してみた。

すると、私の本名から「を」を足すだけで、「友を待つ」という文章が現れた。文章に文字を足すのは、私の独断だが、ペンネームの「森妙子」からも「る」を足すと「子守、耐える」という文章が現れる。

恥ずかしながら、忍耐力がない、子どものように待てないのは、まさに私の特徴であり、短気が致命的な欠点だといえる。今までも何十回、何百回、「もういやだ、もう待てない、もう耐えられない」と愚痴をこぼし、待つということをあまりしなかった。

短気は、間違いなく私の業《ごう》に関係している。元主人をもっと長い目で見てあげずに離婚もした。そして私は、今回の人生で自分の欠点を矯正すべく、次のパートナーには、のんびり屋さんの彼を無意識に選んだ。何度、真剣に別れようとしたか分からないが、子どもも三人いるので、十分忍耐力は養える状況を、自分で自分に与えてきた。「友を待ち、耐えること」ができるようになったとき、初めて私は宿命転換できるはずだ。

氏名の中に、自分の業や、業と隣り合わせになっている使命が暗号のように織り込まれている。

私はかつて、名前とは、単に親が適当につけたものだと思っていた。普通、親は、何日間も真剣に名前をつけるために考えるもので、適当という言い方は失礼かもしれないが、それでも暗号まで織り込むケースは少ないと思う。

「命名」とは、名を授けるという意味と同時に、名に命を吹き込むという意味があり、「姓名」と「生命」が同音異義語であるのは、単なる偶然ではないのかもしれない。「氏名」に託された「使命」をもって神に「指名」されているのが、私たちなのではないか。命を使命に使い出したときから、不思議な偶然の一致が連鎖して起きて、私たちはシンクロニシティ（※）やインスピレーション（※）による大きな力に導かれるようになるのかもしれない。自分についてや自分の方向性が分からないと悩んでいる人は、まず自分の氏名を調べてみてはどうだろうか。氏名からは、本人しか分かり得ない何通りもの文章やキーワードが現れるのだ。

私は、自分で適当につけたペンネームにも、本名と似た意味合いの文章が出てきたので驚いた。母は、私が台風の日に生まれたので、「台風」に音の似ている「妙子」という名前をつけたかったらしいが、父が違う名前に変えてしまったらしい。しかし、私は「妙子」の方がよかったといつも思っていたので、本の出版を機に妙子をペンネームにしようと決めた。

はじめは、本当の名字に「妙子」をつけようと思ったが、ある方と同姓同名になってしまうので、違う方がいいと出版社の方に勧められ、「それなら、本名に似ている森でいいかな」となり、「森妙子」となった次第である。「妙子」はともかく、「森」はまったくの口からの出まかせだったのに、いい加減な言葉や行動にも神秘な力は働くものだと、あとで感心した。

使命を見つけて行動を起こすと、不思議にもどんなに無駄、寄り道、または損をしたと思える自分の人生の過程でも、使命につながっていた事実を知るようになる。もし今回の人生で使命を見つけられなければ、一貫性を見出せずに、なんとなくまとまりがない人生となってしまうかもしれない。

※シンクロニシティ：共時性。例えば、知りたいと思っていた事柄を数分後にラジオで説明されているのを聴いたり、ケーキが食べたいと思っていると友人がケーキを届けてくれたりするような出来事のこと。偶然は、二つ以上の出来事が、ただ単に重なり合う事実を示すが、シンクロニシティという言葉は、偶然が起きた過程や環境、そして偶然を引き起こした未知の力をも含んでいると私は理解している。シンクロニシティについては、第２章で詳述。

※インスピレーション：第六感の一種。頭上に穴が開いたようになり、そこから思想、アイデア、楽譜、文章、映像などが入ってくる。ただし、自動書記やお筆先とは違って、メッセージを送ってくる主が特に名乗ってこない。

3. アセンションは気づかぬうちに始まっている

聖書に載っている世界最後の善悪の戦い、アルマゲドンは、誰も知らない間にすでに始まっているようだ。

ここ数年間、実にいろいろなことが地球レベルで起きた。

それは、個人レベルのアルマゲドンも意味している。個人レベルでも、最終的なカルマの清算の時期が来ているのだ。自分の欠点を鋭くついてくる出来事が、最近よく起きると感じる方は多いのではないだろうか。

世界的にも、自然災害と人災が交互に起きた二〇一一年だったが、私個人の二〇一一年も悲惨だった。話すと長くなるので割愛するが、すごく大変な出来事が毎月単位で次々と起きた。おかげで、私自身の魂も浄化したわけだが、半面、かなり身にこたえた。

過酷だった二〇一一年がなんとか終わり、二〇一二年を迎え、ほっとしていたところへ、困った現象が起きた。異常なまでに私の中で好き嫌いがはっきりとしてしまい、物事や場所や人すべてに八方美人ができなくなった。自分と波長が違った人と話そうとしても、金縛りにあったように喉が詰まり、ぎこちない笑顔しかつくれない。自分でもあきれるほど失礼な態度をとってしまったときもある。


このようなことがたて続けに起き、はじめは自己嫌悪に陥ったが、やがて、これはむしろ自然な流れなのではないかと思うようになった。なぜなら「好き嫌いをはっきりとさせるエネルギー」が宇宙から注がれているのだと感じるようになったし、この現象は、方便の世界に終わりを告げる、新しい世界への準備段階として起きているのではないかと気づいたからだ。「顔で笑って、心で泣いて」には限度があり、どうせなら「顔で笑って、心も笑って」か、「顔で泣いて、心も泣いて」のどちらかにした方が、すっきりする。

ちなみに、ここで言う方便とは、私の理解では、私たちが行ってきた「遠回り」を意味する。例えば、テレパシーの能力があるのにもかかわらず、電話や携帯を開発したこと、神の精である自分の精神を置き去りにして、外に神を求めたこと、本音と建前のある混乱した世界などだ。

二〇一二年は、このようなことを考えさせられた不思議な年だった。ボロが隠せない、本心だけで勝負しなくてはいけない、もっと純粋で透明感のある時代は確実に近づきつつある、そのような時代に備えて、自分の本心を素直に受けとめた上で、間違いがあると感じたならば、本心から改善していく努力をしていった方がいいかもしれない。私は現在、真剣にこの「本心改善」に取り組んでいる。私たちが発する本心からの念、つまり「意思」こそが、私たちの心と体の「医師」なのだ。

地球は、多種多様な境涯の人々が、同じ空間を共存しているおかしな星だ。地獄の境涯にごく近い人と、仏界の境涯にある人が、同じ職場で働いたりしているが、最近、このごちゃ混ぜ状態が整理されつつある。違う境涯の人同士が出会う確率が少なくなってきた。この傾向は、二〇一三年あたりから、さらに強くなってきている。

どんな人でも心の中に光と闇、仏性（または神性）と魔性の二つの性質を持っている。この二つの性質の本格的な戦いが、個人レベルと世界レベルで二〇一三年から始まっていて、さらに、まだ修羅場は続きそうだ。

魔とは、例えば、「私って、何をやってもだめだわ」というような自己否定のことを言う。魔は、人の思いとして表れるため、自分を卑下する思いほど危険なものはない。

私の経験からすると、口から出た言葉よりも紙に書かれた文字の方がパワーがある。しかし、何度も繰り返される言葉は、文字ほどの力を持つ。言葉が文字ほどの力を持つと、もう消しゴムでは消せなくなる。そうして、やがてそれは「念」となり、いったん「念」となってしまえば、キャンセルはほとんど不可能だ。

よく、幸せの絶頂に達した人が「こんなに幸せでいいのかしら?」という台詞《せりふ》を口にする。それはつまり、「以上。私の幸せはこれで終了です」という宣言だ。

このような不吉な台詞は吐かない方が身のためで、結婚式などでは決して言ってはいけない。よく、賞などをもらった芸能人が口にする台詞だが、芸能人の方、お気をつけあれ！

どうせなら「……かしら?」ではなく、「努力が報われました」「私には、幸せでいる価値があるのです」と言った方がいい。

「こんなに幸せでいいのかしら?」という疑問形自体、妙に遠慮がちで潔さがなく、聞く方にとっても気持ち悪い。幸せでいいのかしら? と思った瞬間に、未浄化霊とセットになった魔が喜んであなたにすり寄ってくる。「そうよ、そうよ、その調子よ! あなたには、幸福になる価値なんてないのよー」とささやきながら……。

謙遜の意味で、「私なんてだめで……」(本当は自信があるくせに)とか、「うちは貧乏で……」(本当はお金持ちなのに)または「うちの子は馬鹿で出来が悪くて……」(本当は優秀な成績を修めているのに)「私なんておばさんで……」(本当は結構かわいいと思っているのに)なんていう台詞を何百回と繰り返せば、それらは、遅かれ早かれ、現実のものとなる。

今あげた四つの台詞は、私自身が日本に住んでいたとき、日常茶飯のレベルで何千回と耳にした一般的なものだ。謙遜するなら、贈り物を渡すときに言う「つまらないものですが……」ぐらいにとどめておいた方がいい。

私も日本人として生まれて育ったので、謙遜の癖が抜けない。私は、謙虚であることは美徳だと思うが、謙遜が美徳であるとは思わない。日本人は、謙虚と謙遜をごちゃ混ぜにして、謙遜を謙虚であると思っているふしがある。

私自身、謙遜の言葉が出そうになると、飲み込む努力をしている。口では「私なんてだめで……」と言いつつ、心では「そんなことはない、私だって結構できる」などと思っていては、自分の体も精神も宇宙までも混乱させ、精神を壊す。神にも宇宙にも、どっちが本当のあなたなのかが分からない。

このような二面性をつくってしまうと、私たちは、いつまでもこの二面性と戦わなくてはいけなくなる。ネガティブな発言には魔が飛びつくから、心の葛藤が始まる。

実は、私は、このような戦いに愛想が尽き、もっと正直に言えば、不謹慎ではあるが、神の二分法（相対世界）にはうんざりしてきた。二分法があるから、私たちは、一方からもう一方を行ったり来たりを繰り返して遠回りをしてきた。迷いというものほど気持ちの悪いものはない。

私は、一冊目のエッセイを書き始めたとき、何回も挫折しそうになった。心の中に二人の私がいて、一人が「こんなに眠る時間まで削って書いても一体何になるの？　どうせ出版までいくわけない。無駄なことは、止めた方がいい」と言えば、もう一人が「最後まで続けることに意義あり」とか「自分はどうなのか。これは、自分が書きたいか否かという問題だ」と言い返してきた。前者の声は、出版社など、自分以外がどう反応するかを気にしている。それに対して後者の声は、全く外の世界に関係なく、直接、私のアイデンティティーに問いかけてくるものだった。

私は本が好きだ。以下は、一読者としての意見であり、私の主観にすぎないが、作家のタイプは大きく二つに分かれると思う。

一つは、読者や出版社の顔色はうかがわずに自分が書きたいという一心で書くタイプ。もう一つのタイプは、売れる本を書きたいと外の世界を思って書くタイプ。後者のタイプの作家の文章は、どんなに大胆に書いたつもりでも媚《こ》びを感じるときがある。例えば、三島由紀夫が「売れる本を！　世に残る本を書きたい！」と思いながら小説を書いたとは想像しにくい。

私は、作家のタイプを二つに分けていたので、後者の声の問いかけに即答できた。「自分が書きたいか否か」という声が、まっすぐに私のアイデンティティーに問いかけてきたおかげで、私の中で書くことを諦めない声が勝利した。

私はこのとき、一人の人間の中に存在する二つの両極端の性質のうち、どちらを勝たせるかが人生の課題なのではないかと思った。「人生は勝負である」とは、こういう意味なのではないか。敵も味方も、同時に自分の中に存在しているのかもしれないのだ。

ここ数年、魔はものすごい挑戦を挑んできている。二〇一三年からは、神からの強い追い風があるにしても、ぼーっとしている場合ではない。ぼんやりしていると魔に飲み込まれてしまう。魔の挑戦を跳ね返すには不屈の精神でいくしかなさそうだ。

現在、地球では、人々が目的や目標をはっきりできるように、大規模な振り分けが起きている。これは、スピリチュアルな人々の中で、今盛んにささやかれているアセンション（高次元への移行）を意味する。後ほど詳しく説明するが、この先、地球人は三つくらいのグループに分かれる（三つのグループについては第7章で詳述）。

私には、このような分離を起こさせている神の意図が解らない。世界は、地球は、私たちは、一つではなかったのだろうか。

もしかすると、三つのグループはいったん分離をするが、大きな観点からみれば一つであり、また長い年月を経て一つになるのかもしれない。

現在、三つのグループの共存が何らかの都合で難しくなってきたようだ。今の世界には、心の優しい人や意地悪な人など、多種多様な人間が共存している。しかも、一人の人間の中にも優しい面と意地悪な面があって複雑だ。これからは、優しい人はもっと優しくなるし、意地悪な人はもっと意地悪になっていく傾向にある。

今まで強欲な人は、無欲な人と共存できているおかげで、精神的エネルギーや物質を搾取でき、得をしている。しかし、本当に分裂が起きたら、強欲な人は強欲同士のみで生活し、自分勝手な人は同じ境涯の人のみで生活しなくてはならなくなる。それゆえ、なんとも厳しく緊張した世界に住む結果となる。殺し合いの好きな人にとっては、殺されてしまうほどに無防備で優しい相手は存在しなくなり、自分の周りの全員、たった一人ももれることなく殺気だっている。まさに食うか食われるかの睨《にら》み合いの世界は、想像するだけでも恐ろしい。

二〇一四年から、良い性質も悪い性質も極める時が来ているようで、このような事情から、悪い人たちは雪だるま式に魔を吸収してしまっているため、魔に憑《つ》かれていない人たちとの共存が物理的に不可能となってきた。天使が地獄には住まないように、学ぶ内容や進む方向が違えば、住む場所や必要な環境だって必然的に違ってくる。

歴史はなぜ繰り返すか。例えば、今生で人を殺《あや》めた場合、前生でも同じ罪を犯している可能性が高い。理由は、今回の人生で業を清算するにあたって、魂の強さを試すために過去生と同じ誘いが必ず来るからで、前生で人を殺したのなら、今生も人を殺したくなる事情が必ず起きる。その魔の誘いを私は「慣れ」と呼んでいるが、今回、誘いに乗らないだけの強い精神があれば合格となる。私たちは、魂が試されているのを自覚できず、誘いに乗ってしまいがちなので、歴史は繰り返す傾向を持っている。

現在、地球では、もう一つの大規模なエネルギーのシフトが起きている。

日本でスピリチュアルな人と呼ばれている人、または自称している人たちは、一般に二種類に分かれる。一つは霊現象や霊界に興味を示す人たち、もう一つはＵＦＯなど地球以外の生命にも興味を示す人たちだ。一昔前まで前者であった人たちが、最近、こぞって後者にシフトしつつあるようだ。幽霊もオーラも霊現象も、もう厭《あ》きた、輪廻転生も十分に理解したという人たちが、一気に宇宙系スピリチュアルへとシフトしている。この現象は興味深い。霊現象や霊界はあくまでも人間界にとどまる事柄であるので、そこからシフトすればさらに大きな視野を持てるようになるに違いない。

私たちの精神的成長を含めたすべての物事には、期日があるようだ。私は、自分で何かを計画したら、自分だけの期日をつくるように努めている。そうしないと、やると決めたことを実行するまで、だらだらと二十年でもかかるからだ。いつでもできるという思いは、いつまでもやらなくてもいいという言い訳にもなりうる。私たちの肉体は、死をもって消滅する。つまり死もまた一つの期日といえるだろう。

遠い昔に人類に定められた何かの期日が迫ってきているようだ。そのために、命も限りがあるように出来ているのかもしれない。二〇一一年と一二年の二年間は、二〇一三年からの本格的な光と魔の戦いの準備段階であり、本物の戦いはすでに始まっている。

そこで、魔に打ち勝っていく方法について自身の経験を交えながら、また仏教の智慧《ちえ》を借りながら、次章で書いていきたい。

第2章

「縁」は永遠に回転している円の上で起きている

1．人はいくつもの人生を回っていくうちに心の角をとっていく

はじめに、「円」について。この場合、お金の「円」ではなく、丸いものという意味での「円」である。「愛」や「慈悲」や「カルマ」を大きな観点から理解するには、円について考えた方がいいというインスピレーションを私は受けとった。

図2のように、回転しているお盆の上に、愛やら慈悲やらがのせられているといったら、もっと分かりやすいかもしれない。円は「永遠」と「回転」を意味している。図2のお盆にのせられているものは、永遠という視点に基づいて考えなければ理解しにくくなるらしい。

宇宙は丸いものが多い。太陽系のすべての星、目撃されるUFOやオーブ（※）も丸い。カルマはどうして戻ってくるのだろうか。行ったものが戻ってくる仕組みがある宇宙自体が円形だからかもしれない。

それにしても、私たちは地球が丸いのにもかかわらず、なぜこんなに角のある四角いものが好きなのだろう。私たちの体だって、頭、顔、目、胸、お腹《なか》、おへそ、爪など、円形

図２

の部分が多い。それなのに、四角い家や建物、四角い家具、四角い車、四角いパソコンや携帯に囲まれて暮らしている。飛行機は、翼がついているところをみれば、形は空飛ぶ鳥を真似たものなのだろうが、かなり凹凸が目立つ。翼のついたでこぼこがあるＵＦＯなんて存在していないようだ。ただし、車は一昔前よりもかなり丸くなってきている。

円形には秘密がある。人間が好む四角は角同士がぶつかりやすい。それに比べれば、円は実に回転しやすい。四角いものでも、回転を繰り返せば円になるのかもしれない。

四角い星なんておそらく存在していない。隕石のようにボコボコしたものでも、回転を繰り

図3

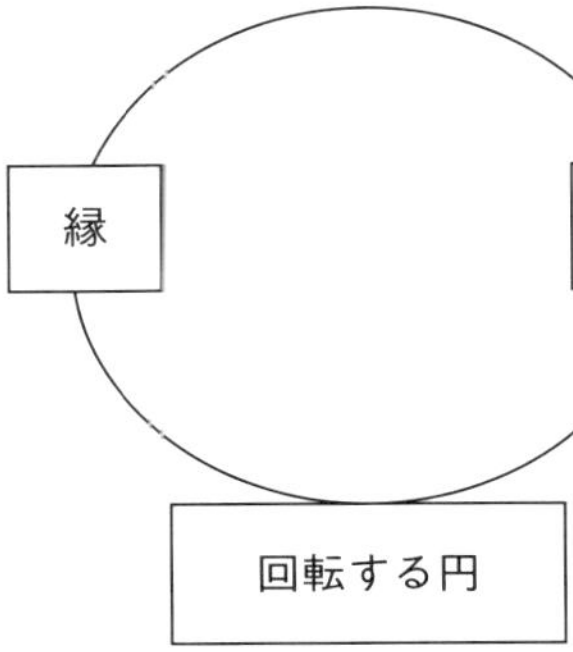

返すうちに円くなるのだろう。円と回転には、私たちの知らない秘密がある。チャクラや輪廻転生も回転という意味を持っているが、私たちは、いくつもの人生を回りまわっていくうちに、心の角をとっていくのかもしれない。

シンクロニシティは、私たちが宇宙のリズムにのったとき、もっと頻繁に起きるようになってくるもので、地球では奇跡や偶然として扱われるが、宇宙では当然の現象にすぎない。シンクロニシティなくして宇宙は運営できないからだ。

そういった意味では、シンクロニシティの連続が宇宙そのものと言えるが、私たちが自分たちの生活にシンクロニシティを連続させるには、円の秘密を解明しなくてはいけないらしい。

四角いものばかりに囲まれている私たちは、精神的にも物理的にも角があり過ぎてお互いにぶつかり、またその角が邪魔で異なる次元へ行けなくなっている。

それでも私たちは、ほんの少しではあるが、宇宙のリズムを垣間見ている。ヒントは得ている。だから、シンクロニシティが起きたなら、それは回転している上に起きたということを自覚するとともに、もっとシンクロニシティを起こすように努力していかなくてはならない。つまり、自分の心を円くする努力が必要で、円くないと回転している円にはなかなか乗れない。

ここでいう心の角とは、人の不幸を喜ぶような魔の心を意味する。この角を取らない限り、私たちは永遠に他の人とぶつかり合う。人を殺す武器ばかりを開発しているようでは永遠に進歩は望めない。

偶然は、「偶然」と呼ぶからめったに起きなくなる。偶然という言葉自体、「奇跡」という言葉とともに思い切って葬るべきだ。この二つの言葉と言霊が、私たちの進化を妨げている。私もこれからは、偶然という言葉の代わりにシンクロという言葉を使おうと思っている。「奇跡的に助かった」ではなく、「シンクロが起きて助かった」といった方が、ずっと聞こえがいい。奇跡という言葉を聞いたとたん、「ああ、普段には起こりえないことね」なんて、人々の気持ちに諦めが生じる。

偶然にしてもそうだ。偶然という言葉は「どうせ偶然は努力しても得られないものだ」と思い込ませる力を持っている。本当は、偶然が起きたときこそ私たちが軌道に乗ったときなのに。それをただの偶然だの奇跡だのと片付けてしまうから、偶然はたまにしか起こらず、奇跡は一生に起こるか起こらないかになってしまうのだ。

偶然の同義語に、「たまたま」がある。「たまに」を二回繰り返して、偶然という意味となる。

前にも述べたように、偶然という言葉は私たちの辞書から葬った方がいいが、「たまたま」はそのまま使っていいと思う。「たまたま」を漢字で書くと「偶々」あるいは「偶遇」となるが、音からして本当は、たまたまの漢字は「玉」「球」「珠」「魂」「霊」の方が正しかったのではないかと私は勝手に思っている。言語学的知識のない私が意見するのもずうずうしいかもしれないが、「たまたま」は偶然という意味なので、ただの当て字的に「偶偶」としただけのようだ。それよりも「玉玉」「珠珠」「球球」の方が、文字も生き生きしてくる感じがする。それに比べて「偶偶」は、見た目からして、活気がない。「珠珠、◯△さんにお会いして……」などと書いた方が見た目も綺麗《きれい》だ。「たま」は、回転をイメージさせる。

「縁」のことを、私たちは、「廻《めぐ》り合わせ」とも呼ぶ。初めて起きたことでも、初めて誰かに会ったときでも、「廻り合わせ」という表現を使うときがある。私たちの潜在意識は、縁が永遠に回転している円上に起きている、または回りまわっている事実を知っている。

円形の秘密を解いたときに、私たちも宇宙の星たちとおそろいの丸い家や建物、丸い乗り物、丸い家具に囲まれて暮らせるようになるのかもしれない。円盤に乗れるようになったら、もう何時間もかけてオーストラリアから日本に帰らなくても済む。

ところで、中国人といえばビジネス上手な民族だ。中国人は数字の「8」が好きだが、8という数字は、本来、永遠に回ることを意味している。かつて、地元の新聞の個人広告欄に8がたくさん連なる電話番号が千五百豪ドル（日本円で十五万円くらい）で売られているのを見かけたことがあるが、その番号が売れたとしたら、買ったのはきっと中国人だったに違いない。
オーストラリアの車のプレート番号は、もう少しお金を出すと自分の好きな番号とアルファベットを選べる。道で「…888…」というナンバープレートを見かけるたびに、私はドライバーの顔をのぞいてみる。十人中十人は中国人のようだ。中国人のビジネス上手の秘訣は、このような縁を担いでいることにあるのかもしれない。

もう一つ例をあげれば、二〇一一年十一月十一日、多くの妊娠中の韓国人は、この日に帝王切開をしたそうだ。私は、そこまでやるかと驚いたが、なぜ数字が並んだ日に多くの韓国人の妊婦は帝王切開をしたのか。誕生日を覚えやすいからという単純な理由からだけではなく、数字が並ぶのはシンクロニシティを連想させるからではないかと私は思っている。人工的かつ無理矢理シンクロという感じがするし、お腹の中でまだゆっくりしていたいと思った胎児はかわいそうだが、母親は、わが子の人生が素晴らしいシンクロの連続であってほしいという願いを込めたのかもしれない。

※オーブ：空中に浮かんでいる透明の球体。デジタルカメラだと撮りやすい。オーブは、

私の理解では霊ではなくどちらかというと百科事典のようなもの。オーブの模様は陰陽のマークであったり、多種多様だ。インスピレーションを受ける場合、このオーブが介入しているようだ。思考の栄養分のようなもの。

2. 現在・過去・未来は、時間版の三位一体である

それでは、図2(35頁)にのせられているカルマや愛や慈悲について、これから順番に話していくことにしよう。

すごく傷つくということは、一〇〇%ではないにしろ、自分のカルマに関係している場合がある。

私たちは、やめておけばいいのに不思議と自分が傷ついた言葉を反芻《はんすう》する変な癖を持っている。反芻するたびに、器用にも自分で勝手に何度でも傷つく。傷つくのは一度でいいはずで、加害者だって一度しか傷つけていないにもかかわらず、自分でそれを繰り返す。自殺された方が死後何度でも自殺行為を繰り返すとよく言われるが、私たちが怒りで夜も

眠れないときなどは、必ずこの奇妙な反芻をしている。

この不思議な人間の習性を考えれば、私たちは軽率な発言を極力控えた方がいいだろう。そして、こういう事態に陥ったのなら、直ちに自分のカルマを疑った方がいい。過去は水に流れてなんていかない。きちんと過去を振り返って、カルマの清算をしなくては、前には進めない。現在は過去を清算し未来を創造するためにある。

現在・過去・未来は、同時に存在しているため、私たちは未来だけを見て生きてはいけない。この三つの時間は、時間版の三位一体なので、「三つで一つ」でワン・セットであり、切り離せない。過去のカルマを清算できなければ、未来も過去の汚点を背負って生きていく運命となるが、カルマを清算すれば、過去の汚点は未来の前進のための輝かしい宝へと変わる。カルマを清算できる機会があるのは現在のみとなる。

考えてみれば、「今」と「明日」という時間ほど、つかみどころがない時間はない。「今」を意識した瞬間、その「今」はすでに過去となり、また「明日」も「明日」になると「今」になってしまう。過去は過ぎ去ってはいるが、死んだ時間ではない。その証拠に、私たちは、過去の出来事を鮮明に思い返し、そのときの気持ちを再体験できるようになっている。

現在を中心点として、過去と未来は相互関係にあるため、今の努力次第で過去は書き換えられるのだ。

3. カルマの糸を切るハサミは感謝である

何かの被害に遭った場合、または人を恨んでしまうようになった場合、その気持ちを取り除くことは至難の業だ。怨念というものは、何百年たっても消えない場合がある。源義経は、おそらくまだ成仏していない。

もう三十年くらい前になるが、私はある夜、金縛りに遭った。怖かったが好奇心から目を開けてみると、いつの間にか部屋の四方の壁にそれぞれ同じ絵が四枚貼られていた。四枚の絵には武士らしき人の肖像画が描かれていて、私は理由もなくとっさに、その肖像画が源義経であると理解した。絵は上の二箇所だけピンで留めてあり、下の部分はピンで留めていなかったため、四枚の絵の下の部分だけが風もないのに同時にパタパタと動き、強く壁を叩いていた。

源義経が源頼朝を許せない気持ちはよく分かるし、私が義経だったらやはり兄を半永久的に許せないだろう。封建社会からの未浄化霊が現在に至っても数多く存在しているのは、やむをえない事情がある。

このようにして、未浄化霊の数がどんどん増えていく羽目となった。恨みは生きているうちに解消しなければ、死後に解消するのは難しいらしい。


私の元主人は、東京の下北沢の社宅で、集団のお侍さんの霊にひどい目に遭わされた経験がある。私は出産のため実家へ戻っていたので、この社宅に月に二回くらいしか泊まらなかったが、私には何も被害がなかった。社宅といっても、洋風の2ベッドルームで、一つのベッドルームは元主人が使い、もう一つのルームは、イギリスから出張で来る人が入れ代わり立ち代わり使うようになっていた。

はじめはJという男性がそのもう一つの部屋を使っていたが、あるとき、Jが金縛りに遭うと元主人に話した。ざんばら髪で白い着物をきた侍がベッドの脇に立ち、斧《おの》のようなものを振り下ろし、数日後には同じような侍がもう一人増えて、ベッドの両脇から斧を振り下ろすようになったと話したそうだ。

その後Jは帰国し、今度はGという男性がイギリスから来た。ある夜、Gが食事中に、変な夢を見ると元主人に話し、その内容がJと同じであったと分かったときは、さすがに元主人は言葉を失ったらしい。しかもGの場合は、侍の数が四、五人に増えていたのだった。

ある日の夕方、元主人が一人で家にいたとき、突然その侍たちに囲まれているような錯覚に襲われ、家から逃げ出したそうだ。大の男が……と本人は苦笑していたが、それ以来、なるべく同僚が不在のときは彼も外出するようにしたらしい。私がこの社宅を訪れるときは、大抵日中で、一人でいるときも多かったが、全くといっていいほど何も感じなかった。常に敏感な私にしては珍しい。この霊たちは、男の人に恨みがあるのか、もしくは幕末に外国人に対して反感を持っていた人たちなのかもしれない。

未浄化霊は、肉体を持っていないため、本来自由自在、その気になれば月や火星まで行ける能力を持ち合わせている。それなのに、一つの場所または一つの家庭に、怨念を晴らすがごとく居座り、同じ行動を飽きもせず、何万回と繰り返す。

現在、私のアパートにいる女の霊は、台所とダイニングから出たためしがない。飽きもせず、私の料理の邪魔をしてくる。物理的に味わえない食べ物を口に入れようと、無駄な努力をするため、私が野菜などを切っていると、野菜のかけらをポーンと飛ばしたりする。

まるで、私の指先にはロケットがついているように。ケーキの箱を勝手に開けて、お客様を驚かせたりもした。この霊は仲間が欲しいのか、常に私の思考に入ろうと試みる努力を怠らない。

私の子どもたちには、霊感が多少そなわっている。子どもたちは、台所から離れない女の霊をエイミーと呼んでいる。エイミーは、台所とダイニング以外の世界を知らない。また、トイレにも男の霊がいるが、この霊はトイレとその真向かいの部屋を延々と行ったり来たり、それを繰り返している。

私は去年、怖い目に遭った。その話を携帯のメールで友人に伝えようとしたら、ちょうど話のクライマックスのところで突然、携帯の電源がブチッと切れた。それ以来、私はその話を人に話さないようにした。未浄化霊は、透明な存在なのに三次元的に物を動かしたりできる。ただ、いくら物を動かせても、御札やお守りなど紙に書いてある神聖な意味を持つ文字には手出しができない。

未浄化霊を観察すると、その行動範囲は、その思考に比例するがごとく狭い。移動してもせいぜい三メートル四方だ。私は、人に憑く霊は別として、それ以上移動する霊を見たためしがない。もし私が彼らのように自由なら、パリへ飛んだり、月へ行ってみたりするだろう。宇宙だって、時空だって、魂の状態なら旅することができる。

ポジティブな思いは人を自由にするが、ネガティブな念は人を束縛する。行動範囲が広い霊というのは、はじめから未浄化霊にはならないかもしれないが、行動範囲の狭い霊は、誰かを恨むなどの念に束縛されている。ただ、未浄化霊でも例外的に遠出をするときもある。生きている誰かに噂をされたときは、自動的に自分の話をしている人のところへ引き寄せられていく。

人を恨むような事態になっても、許せる方法は生きている間に限り一つだけある。

この方法は死んでからは使えない。被害に遭ったことに対して、心底から感謝できるところまで自分をもっていき、加害者に感謝できたとき、カルマの糸は気持ちよくプツリと切れる。カルマの糸を切るハサミの役割をするのが感謝だと言える。

ここまでくると、同じカルマは戻ってはこない。相手を恨んでいるうちは、カルマの糸はけっして切れない。それどころか、恨みの気持ちがさらにカルマを引き止める。

カルマの支払いは、クレジットカードの支払いに似ていて、支払いの請求は瞬時には発生しないが、全額払い終えるまで利子もたっぷりと乗せて、きちんと正確にあとから請求が来る仕組みとなっている。

実は、この「あとから」が罠であり、カルマの請求がすぐには来ないところが、カルマを自覚できない盲点となっている。

カルマは、私の経験から言えば、罪が重ければ重いほど支払いの時期は延期される。時を経るために本人が忘れていて自覚症状がないだけに、カルマの圧力は大きくなり、もっと苦しまなくてはいけない仕組みとなっている。重い罪のカルマは、病気になったときや高齢になり弱くなってから支払いの請求が来る。私の場合は、自分が吐いた暴言が実に七年後に自分に戻ってきたことがあるが、そのようなカルマをつくったことを思い出すだけでも長い時間を要した。重い罪は、時間をかけなくては償えないのは、現世の法律と同じで、重罪になればなるほど服役の期間が長くなるのである。

私の父の場合、若い頃の中絶のカルマの請求が五十年を過ぎた頃に来た。多くの善行を行った父であったが、命に対する罪は、善行ではカバーできなかった。神の秤《はかり》にかけると、中絶の罪の方が重かった。

私は、流産であったと聞かせられていたが、父が闘病中に、亡き母が私に夢で中絶であった事実を教えてくれた。私は急いで父に事実を確認し、三人の水子たちに命名をしてもらった。父は、つらい闘病中一言も愚痴を言わずに、立派にカルマの支払いを済ませて他界した。父もかわいそうであったが、命名されることもなく長い間寂しい思いをした三人の子どもも哀れだった。

現在、中絶の手術は安易に行われているが、それが殺人行為であることには変わりがない。胎児の魂ははじめの頃、宿っていないという説もあるが、細胞分裂が始まった時点で魂は宿っている。魂が宿っていないものが、勝手に動いて細胞分裂をするわけがない。

父の死に顔に対面したとき、父が薄目を開けていたので、私は何度も目を閉じさせようとしたが、何度試みても父は薄目を開けたままだった。そうしているうちに、これは、半眼なのだと気づいた。半眼の境涯とは、私の理解では、他力と自力がバランスよく一致した状態だ。父は三人の水子たちと無事に一緒になれたのだと感じた。

普段私たちは、七年先のことなど考えながら発言したり行動はしないし、最も考えたとしても今年や来年のことぐらいだ。しかし、偉大な発明家や宗教家などになると、五十年、百年先のことも考えている場合が多い。偉大な人ほど、すべてを長い目で見ている。「今という時に生きた方がいい」と言われているが、それはなにも、過去や未来を全く切り離したその日暮らしを奨励しているわけではない。今と同じくらいに過去と未来も大切にすれば、もっと大きい観点から人生を生きていけるはずで、自分の念や言葉・行動は、種まきであると自覚したらもっと分かりやすいかもしれない。種をまき、自分の目を楽しませてくれる美しい植物やおいしい果物がなる木を植えるか、落雷によって自分を圧死させるような大木を育てるかは、自分次第だ。

大抵は、四柱推命のサークルの殺界のときに、利子がたっぷりついたカルマの請求書が届くため、私たちにとって世の中は不公平に見えたりもする。悪いことをしても得をしているような人たちが数多くいるように見えるのは、近視眼的に見るからそのように映るだけで、十年、二十年区切りとなると、また事情が違ってくる。

さらに、一つの人生を区切りとした輪廻転生となると、宇宙は案外公平であるかもしれない。四柱推命の殺界については、この項の最後に詳しく説明するが、殺界の「殺」は、菩薩の「薩」に書き換えた方がいい。なぜなら、殺界に入っているときこそが、人に尽くすための菩薩への道に進むときだからで、殺界のときは「想像出家」をしたと思って人に尽くすように心掛けるといい。

殺界は、十二年ごとに三年ずつ訪れるため、人生の四分の一は殺界となる。小殺界と中殺界を入れると、殺界は十二年のうち五年もある。私たちは、普段、自分のことだけ、またはそこから少しだけ進歩して自分の家族のことだけを思って生きている。だから、せめて十二年ごとに訪れる殺界のときぐらいには、世のため、人のために尽くすように心掛ければ、もっといろいろな面でバランスがとれるようになるはずだ。宿命転換が済んでいないうちは、こうするしか殺界を乗り切る方法はない。

大抵の人は、定められた宿命を生きている。決まった宿命を生きるのは、つまらないと言えばつまらない。殺界を薩界に転換するところに人生の面白さはある。

ここで、カルマ返済の一つの方法である加害者に感謝できるところまで自分をもっていく例を一つだけあげておこう。

これは私のケースだが、あるとき、ある日本人女性に「おばさん」呼ばわりされたことがある。オーストラリアにかれこれ二十年住んでいる私は、このように呼ばれた経験がなかったため、この言葉に傷ついた。鏡を見れば、確かにおばさんと呼ばれても仕方ないかと思った。そして、何かいい方法はないかと思っていたところに、日本の友人が、『スピリチュアルかあさん』（大野舞著・メディアファクトリー）という本を送ってくれた。なんとその本には、八十歳でも三十歳に見える秘法が書いてあった。

さっそくこの方法を試したところ、五十になる私の顔にも、はりとつやが出てきた。友人に、「フェイスリフトをしたのか？」とも訊かれた。この方法については、著作権の関係で紹介できないので、知りたい方は大野舞さんの本を購入することをお勧めしたい。お金もまったくかからない方法だが、継続と信じる力がないと効果は期待できない。老化をどうにかしなければという私の真剣な思いを、友人は霊界を通じて感じ取ってくれた。もちろん、友人は意識していなかっただろうが、「思い」は無意識の世界または霊界を駆け巡る。

これが「思い」が現実化するシステムであり、もし「思い」がネガティブなものであれば、たちまち未浄化霊などの餌となる。自分の発した思いを侮ることなかれ。

このような事情から、私は「フェイスリフトしたの？」とか「若く見えるね」と言われるたび、おばさん呼ばわりしてくれた人に感謝せずにはいられなくなった。

世の中、心無い発言をする人はいる。このような発言をする人は、必ずそのカルマを受ける。しかし、心無い発言を受けた側も、泣き寝入りするのではなく、それを片っ端から宝に変えていき、危害を加えた人に感謝できるところまで自分をもっていけたら、どんなに素晴らしいだろうか。


私が人生の危機に瀕《ひん》していた際に私を主にコントロールしていた感情は、怒りであった。そのことに、私はある日ふと気づいた。もしかすると、自分のカルマに関係がないことに関しては、私たちは腹も立たないものなのかもしれない。

「今、私が感じている怒りとは、私が過去に他の人に感じさせた怒りではないか」と、自分に問いかけてみたとき、初めて自分のカルマが姿を現す。だから、自分の気に障る事柄などは、よく点検してみた方がいい。自分のカルマをまず把握して、カルマを清算しなければ、邪魔はどんどん入り、目的を達成するのが困難となってしまう。地震、雷、火事、親父とは、世の中の怖いものの順であるが、私は地震の上にカルマがあると思っている。

なぜならカルマは、七倍になって戻ってくるからだが、この七倍については、また後で詳しく述べたいと思う。

ただ、感謝するところまでもっていく方法だけで解決できないほどのことだってあるのは確かだ。私は最近、身近に怨念というものに触れた。詳しい内容は、今回おどろおどろしいオカルトを書く意図はないので省略するが、私には許せないという気持ちが分かる。今も昔も男性にひどい目に遭わされている女性は多い。残酷な仕打ちに遭ったのは、本当に自らの業が原因だっただろうか。世の中理不尽なことだってあるのではないか。カルマの法則だけですべて解決をできるかについては疑問だ。

それでは、ここで少し占いの話をしよう。占いはカルマの支払いと関係がある。

私的には、星座占いは抽象的であまり当たらないと思っている。運命的、宿命的なものに関しては、やはり四柱推命が細かい部分に至るまで一番当たるようだ。

占いが当たる人と当たらない人がいる。当たる人はごく普通に生きている人で、当たらない人はおそらく二つの種類に分かれる。精神成長などまったく試みずに、予定外のカルマもかまわずどんどんつくりながら生きている人か、かなりのレベルで霊的成長をしていて、カルマ清算もさっさと済ませ、自分で運命を悠然とコントロールできている人だ。

このような種類の人がいる限り、占いや予言が当たったり外れたりするのは当然で、外れたからといって占い師や予言者を責めるのは、自分の祈願が叶《かな》わなかったと神に詰めよる行為と同じで、他力本願に傾き過ぎている。占いは、信じてもいいが信じてはいけないもの、信じてはいけないが信じてもいいものであり、占いをしてもらった場合、まずは自分に起きてほしいこととそうではないことを明確に分け、自分の努力を惜しまないことである。

占い師や予言者の言ったことが外れた場合、外れた、インチキだと詰めよる暇があれば、もっと自分自身の思考や行動を見直した方がいい。それでは何のための占いか、と問いたい人が出てくると思うが、占いは、占いを利用する人自身が全責任をとるという覚悟がなければ、はじめから利用しない方がいい。

前にも少し触れたが、今生のカルマと前生のカルマの支払い請求は、四柱推命の周期の殺界にくる。四柱推命の周期は、大きな十二年の周期と小さな十二カ月の周期がある。大きな周期が殺界で、小さな周期も殺界で、両方の殺界が重なるときがあるが、このときは覚悟が必要だ。この時期に受けるカルマは、潔く受け、後は神に祈るしかない。祈らないよりは祈った方が断然得となる。祈りは自然に希望となり、希望には光が必ず射してくるからだ。

また、大きな周期が良いときでも、十二カ月のサークルの中に訪れる小さな殺界があるため、その時期にカルマの支払いの請求は来る。

カルマの支払いを入院することに喩《たと》えてみよう。四柱推命の悪い周期と良い周期では、同じカルマの支払いでも雲泥の違いが出てくる。前者は、超オンボロの病院で、見舞い客が来たとしても死んでいないかどうかと興味半分にのぞきにくるだけで、医師も看護師もろくにおらず、（医師が）いたとしてもやぶ医者で、設備もひどいといった環境で治療を受けるような感じと想像すると分かりやすい。後者は、超豪華版の病院で、見舞い客も多くどっさり見舞い品を置いていってくれて、医師も看護師も超優秀、超親切で、設備は最高レベルの病院に入院しているような感じとなる。前者の場合は、悲惨のひと言であるが、実は殺界のときが最も学びが多く、天命を知ったり天職を見つけたりできる時期にもなっている。

この時期が訪れたら、まず自分と向き合い、カルマがなんであるかを突き止めるのが先決だ。そしてカルマに気づいたら、次には、深い反省、そして自分なりの償いをすることだが、償いをしただけでは、カルマは浄化できない。浄化するには、カルマをつくった原因や経験が人のためにならなくてはいけない。これが、天命、天職とつながってくる。つまり、四柱推命での大殺界は、宿命転換の機会が最も濃厚で大薩界（大菩薩界）とも書き直せるほどだが、この時期に、

1. 自分と向き合う
2. カルマを突き止める
3. 反省する
4. 償う
5. 天命を知る
6. 人のために役立つ
7. 業の支払いの機会を与えてくれた物事、または加害者などへの感謝の気持ちを持つ

というプロセスをしなくては、泥沼に入り込み、命をも落とす可能性もあるのだ。

このプロセスの最後である7．のところまでいけば、それは、まさに菩薩界のレベルに到着したと言える。テレビ番組『ズバリ言うわよ！』の中で、よく細木数子先生は「お墓参りをしなさい」とアドバイスしていたが、殺界を通過するのには、本当はお墓参りだけでは足りない。今述べたカルマ浄化の七つのステップこそが、お花やお線香の役割をして、本当の供養、お墓参りとなるのである。

人生につまずきを感じた場合は、家系図を書き出し、その家系に何かのパターンがないかどうかを調べたらいいかもしれない。私の場合は、現在調べ中で未解決ではあるが、母親の家系の方にある種の呪いがかかっているのを発見した。呪いは、例外を除いて生きている人間しか解いてあげられないもので、このような発見をご先祖さまは大喜びをしてくれる。

四柱推命に関しては、一つ注意がある。自分が殺界の周期に入っているときは、家族に知らせない方がいい。自分が知るだけで十分だ。理由は二つある。人に言って、言った人から「そうか、この人は今大変か」と思われると、その思いが自分に憑いてしまうため、心身ともに元気なときは大丈夫だが、逆に弱っているときは、その思いにやられてしまうのだ。人に宣言すると、不必要な事柄までが実現してしまう結果に至るときがある。多くの精神世界のリーダーたちも、口をすっぱくして病気の話をするなと言っている。病気の話などは、自分と医師と家族が知るだけで十分だ。

私にビジネスを教えてくれた先生が、ビジネスがうまくいく秘訣を教えてくれた。それは、「How are you?」と聞かれたら、少しぐらい寝不足でも頭痛がしても、必ず「I am very good」と言え、相手はあなたの寝不足や頭痛のことなど聞きたくないということだった。私も四柱推命の小さい周期が「健弱」であったときに、パートナーにそのことを告げた……が、その三日後、ひどい熱を出してしまった。家族も含めて、自分以外は殺界の時期を知る必要がない。ただし、夫婦の場合、片方が殺界に入っていると、もう片方にも深刻な影響がある場合があるので、知らせるか知らせないかは、相手の理解力を考慮しつつ臨機応変にした方がよさそうだ。

一度、占いをみてしまうと、占いばかり気にして、まさに占い通りに生きてしまう人がいる。そのような人でも、占いを上手に利用する方法がある。

どうすればいいかと言うと、「大殺界」を「大薩界」と書き直して頭に言い聞かせればいいのだ。無農薬りんご栽培を成功させた木村秋則氏のように、多くの人は人生のどん底、つまり殺界から菩薩の道を見出しているのだから、この時期は人に尽くす菩薩業のことを中心に考えればいい。私自身、人生のどん底と言える時期に、仏教やレイキに出合った。

殺界の菩薩業には、良い周期の時期の菩薩業とは比較にもならない価値がある。超豪華客船に乗っている自分が遭難しそうな船を助けるよりも、超オンボロ船に乗り自分も危ういときに人を助けるほうが、その価値に雲泥の差が出てくるのだ。

船の乗り換えは誰でもしなくてはならないが、豪華客船に乗っているときは、謙虚さや初心を忘れず有頂天にならないように気をつけ、オンボロ船に乗っているときは、どのような状況でも希望を持ち、いじけたりせず、人に尽くすことを学ぶようになっている。

豪華客船は実りの多い夏を意味し、オンボロ船は寒い冬を意味している。オンボロ船から豪華客船、また豪華客船からオンボロ船に乗り換えるときは、それぞれ不幸癖や幸福ボケにしばらく影響を受けるので、精神的切り替えはなるべく速やかに行った方がいい。

地球に四季があるように、人生にも四季がある。季節に応じて心の衣替え、真冬に夏服を着てしまうような間違いを起こさないことをお勧めしたい。

四柱推命を上手に利用すれば、時間を味方につけることができる。良い周期は大きなことを始めるいい機会として利用できる。例えば、良い時期に買った不動産は失敗しにくい。周期が絶好調である上に、自分でも「周期がいいから大丈夫」という自信が相乗効果となる。良い時期も悪い時期も、神様に試されている時期だと言える。私たちは、良い周期に地獄に落ちる原因をつくったり、悪い周期に天界へいける原因をつくったりして生きている。

人々がなぜこれほど占いを必要としているのかと言えば、いたって単純に、自分について分からないからであり、つまり自分が誰であるか知りたいという欲求を満たしたいからだ。自分が誰であるかを知ることは、自分のアイデンティティーを知ることにつながるから、占いをきっかけに自分自身と向き合えるようになるが、やはり占いに飲み込まれないような注意が必要で、読者の方には、占いはあくまでも道具として利用することをお勧めしたい。

日本では四柱推命の本がよく売れているそうだが、これはとりもなおさず、かなり多くの日本人が自らのアイデンティティーを探し求め出した証拠であり、朗報であると言える。私的には、占いなら四柱推命がお勧めだが、どんな占いでも自分探しには役に立つ。「これは当たっている、これは外れているな」と思うだけでも、自分について考える機会が持てる。占いは明鏡の役割を持ち、それを手にして実際に活用することは、仏様と同様、「自分も他人も見る」という「半眼」の境涯への第一歩となる。

4. どん底でのエネルギー転換を、仏教では「慈悲」と呼ぶ

「慈悲」という文字には、「悲」というネガティブなイメージの文字があるにもかかわらず、透明感がある。「愛」という文字には透明感はなく、色がついている。

「愛」といえば、赤やピンクなどの暖色系の色を想像する人が多いのは、愛にはネガティブな要素が含まれているからではないかと私は思う。もちろん、これは人間愛のことであるが、宇宙には慈悲をも含む無限に高度な愛も存在する。キリスト様が説いた愛は、かな

り高度なので、私たち凡夫には慈悲の力なしでこの愛を実践するのは難しい。しかし、嫉妬や所有欲から発生する人間愛でも、慈悲というフィルターでろ過して宇宙の高度な愛に近づくことができる。もちろん、この世には慈悲というフィルターなしで本物の愛に到着できる人たちも、数は少ないにしても確かに存在している。

私は、まだキリスト様が説いた愛のレベルに達していない。今の私には、頬を殴られたとき、もう片方の頬を差し出すなんて業は、逆立ちしてもできない。だから私は宗教とは精神の成長段階や個人のニーズに合わせて臨機応変に選ぶものだと思っている。

お釈迦様が説いた教典はたくさんあるが、お釈迦様本人が数多くの教典をもって仏教の枝分かれを意図していたわけではなく、時代やニーズに合わせて選んでほしかったのではないか。

教祖的な人や精神世界の助言者たちは、生身の人間であるゆえに、どんな人でも多少意見に偏りがある。信者がしっかりとアイデンティティーを持っていないと、この偏りは信者が増えるごとに肥大化して、やがてはオウム真理教のような団体を生み出してしまう。ここに、弟子を持つことの危険性がある。誰かの意見を受け入れる際には、自分にとって不要なものを排せつできるようにしなければ、助言者や教祖的な存在の小さな偏りが、大きく偏った宗教を生み出す結果となる。

例えば、子どもの反抗期に遭ったとしたら、気分を一新して自分自身の精神的な成長を心掛けつつ、何かコースをとって勉強したり、趣味に没頭したらいいかもしれない。何かについて悩んでいる人は、ものすごいエネルギーを使っている。そのエネルギーを、そっくりそのまま勉強や趣味に向けたとき、趣味などは趣味の域を超え、使命や天職につながる可能性が高くなる。むしろ使命や天職には、このようなプロセスをもって初めて出合えるのかもしれない。苦しいとき、人生のどん底にいると感じるときはつらいが、それでも頭をフルに使っているのは事実だ。

使命を見つけ出す機会は、前述の四柱推命における殺界のときに多くあるが、それに気づくか否かは本人次第だ。私たちは本来怠け者であるので、つらいことでも起こらない限り、頭を使おうとしない。だから、どん底にいるときこそ、いい方向へ進めるほどの十分な力が出る。このようなエネルギー転換を、仏教では「慈悲」と呼ぶ。

無責任のようでもあるが、私は近頃、子どもの人生に親が全責任を負っているわけではないのではないかと思うようになった。輪廻転生の大きな観点から見れば、生まれてくる生命の持っている使命や過去生から引きずってくる魂の癖などに深い関係はあるにせよ、親が全責任を持っているはずもないのではないか。

それでも、責任をとる方法は一つある。自分が変われば、相手も変わるというよく出来た仕組みがあるので、自分がいい方向にむかえば、子どもにも責任がとれる。自分が成長する努力もせず、子どもに教育のつもりでうるさく言っても、その努力はむなしく空回りをするだけで、口先だけの説教など、純粋な子どもには通用しない。

これこそが、私の子育ての教訓であり、私に足りなかった点だった。子育ては、まず自分がどういう人間であるかにかかっている。私は、教育ママではなかったが、長女にはいろいろと注文があった。しかし、今では、「生きていればいい」というたった一つのシンプルな注文だけとなった。

第3章

紙に神への手紙を書けば、上《かみ》に近づく

1. 想像すると創造できるシステムが宇宙には存在する

それでは、いよいよここから本題に入りたいと思う。

ここ数年、人が悟りの境地に達するのを邪魔する魔の力が強い。自分のカルマを発見するというはじめの段階の次なるステップは、魔による邪魔などの向かい風を受けながらも、自分の夢や目的を叶えていくことだ。そのためには、半端ではない強い精神力が必要とされる。

本来、私たちのすべての願いは一〇〇％叶うようになっている。肉体を持たない状態の場合、念と実現が同時に発生する性質を持っているからだ。この原理は、幽体離脱を経験された方ならすぐに理解できるだろう。一度、霊界という世界を垣間見られた方なら、自分の発する言葉や念が直ちに物理化される事実に驚き、現世に戻ったときには、もっと慎重にものを言うような習慣がつくはずだ。私も幽体離脱をしたときに、父のことを思った瞬間、昼寝をしている父の上に浮かんでいたことがあった。それなのに、なぜ現世では叶わない願いが生じるのだろうか。

実は、祈願と努力の仕方に大きな原因があるのだ。

かつて、日本の週刊誌などで、「一万円札はくずして持っておいた方が、お金がたまる」という記事をよく見かけた。今の私には、そのからくりが理解できる。つまり、一万円札を一枚しか持っていないと、買い物をするたびにお金がくずれていく感覚がどうしてもついて回る。そして、本当に出費が多い現実をつくってしまう。

反対に、千円札で十枚持っていれば、「いっぱいあるな」という気持ちがさらにお金を呼ぶ結果となる。私は、もしかしたら車の燃料にも同じ原理が働くのではないかと思っている。ガソリンを常に満タンにしている人と、いつも半分で走っている人では、ガソリンの減りに差が出てくるかもしれない。


私のパートナーの両親は、現在はマカオ在住だが、もともとはインドネシアン・チャイニーズで、テーブルにいつも山ほどお菓子やら果物やらを置いておく習慣がある。いつでも何か食べられるための配慮だ。パートナーの両親がわが家に泊まるたび、テーブルはいつのまにか食べ物の山となる。

この食べ物の山を一週間以上見続けていると、不思議な現象が起きてくる。食べ物を見ていると満足感があり、その食べ物を手に取って食べたいという欲求がなくなってくるのだ。

インドネシアの習慣は、案外ダイエットに効果がありそうで、実際、インドネシア人はスマートな人が多い。私たちは、ヨガの達人のように、食べ物を想像しただけでその食べ物の栄養素をとれるような能力をもともとは持っているのかもしれない。

世界中の女性は、一体どのくらいのお金をダイエットに費やしているのだろうか。ダイエットに関する本やダイエット用のサプリメントは、世界中にあふれている。

私は真剣に、「痩せるための青い鳥」は、自分の目を使うことにあるかもしれないと思っている。

インドネシアの習慣を真似て、食べ物をいつも山ほどテーブルに置いておくと、「たくさんある」という思いが起きて、満足感や安心感を呼ぶ。つまり、私たちは、食べ物から満足感と安心感も摂取しているのだ。食べ物を山ほど置いておけば、満足感と安心感の分は差し引くことができ、そのぶん、食べる量が減る。これこそが、究極のダイエットのかたちではないか。

その意味で、『いつまでもデブと思うなよ』(新潮新書)を書かれた岡田斗司夫氏のダイエット法は、素晴らしいが、一つだけ難点があった。それは、ポテチ（ポテトチップス）を捨ててしまうことである。これには、私は賛成できない。食べ物を捨てる行為は傲慢で、豊かな国の悪い癖だ。

そこで、ポテチを泣く泣く捨てなくてもいい方法がある。どんなに好きで、食べたくて食べたくて仕方のないものでも、テーブルにいつも十個ほどのせておけば、だんだん食べる気がしなくなってくる。「外に買いにいかなくては食べられない」「今ここにない」という思いが、不安と不要な食欲を生むのだ。十個で効果がなければ、部屋中にポテチを飾ればいい。私の父がタバコをやめると決意したときも、タバコ一本を常にポケットにしのばせていたそうだ。吸いたかったらいつでも吸える、即吸えるという安心感があったからこそ、父は禁煙に成功できた。

このように、私たちは価値を創造するのであり、価値創造で本格的ダイエットだってできそうだ。人生とは価値創造の連続と言える。

『シークレット』（ロンダ・バーン著・山川紘矢、山川亜希子、佐野美代子共訳・角川文庫）という本を読まれたことがあるだろうか。この本には、思考がどれだけ大切なのかが分かりやすく書かれているので、まだ読まれていない方にはぜひお勧めしたい。自分の思考を自分で監督する重要性がよく分かる。

私は英語版を読んだので、日本語訳本とは多少違っているかもしれないが、一つ例をあげてみる。痩せようとか痩せたいと思うと、痩せようとしている自分と痩せたいと思っている自分を経験する結果となると書かれている。それは恐ろしいことに、太った自分を経験する羽目となるのだ。だから、それよりは痩せている自分を毎日想像した方がいい。想像と創造は、偶然に同音語になったわけではなさそうだ。想像すると、創造できるシステムが宇宙には存在する。祈願は未来完了形でした方が効果がある。

ただ、具体的にプラス思考をどのように維持するかについては、『シークレット』にはあまり書かれていなかった。おそらく、思考維持の仕方については、哲学やスピリチュアルでは説明不可能なのだろう。なぜなら、それは宗教の域に属するからだ。

宗教とは、自分の夢や目的などが必ず叶うと信じられる力を引き出すためのものである。自分自身だけのジンクスだって、コンスタントに信じられるようになれば、宗教へと変化していく。

ロンダ・バーンの二作目『ザ・パワー』（山川紘矢訳・角川書店）には、やはりなにか物足りなさを感じたが、念についてはよく分かる。その意味では「念の専門書」とも呼べるので、どうしても念の力を軽視しがちである、という読者の方にはお勧めしたい。

私たちは、時間の価値も自由に創造できる。もし私たちが、一年を一年と呼ばずに三百六十五日と呼んだら、二年を七百三十日と呼んだら、時間の歩みは必ず遅くなる。時間の歩みが遅くなれば、もっといろいろなことを詰め込めるし、有意義な時間が過ごせる。一年といえば、たった一つという意味で、まるでお菓子が一個というふうに数えるので、一年はあっという間に過ぎていく。その感覚が早く過ぎ去っていく時間を創造する。一カ月を三十日、一日を二十四時間と呼ぶようにすれば、日本人はもっとゆとりをもって生活できるようになるのではないか。

お料理やワイン、本、絵、建築物、そして子育てや夫婦関係に至るまで、時間をかけるといい味が出てくるように、私たちにとって時間とはなにかとてつもなく大切なものらしい。それにひきかえ、時間をかけずに作るファーストフードは実に味気ない。口紅だって、筆で丁寧に描くほうが、じかにリップ・スティックで描くより綺麗に見える。時間は魔法みたいだ。どうして時間をかけると価値が出てくるのか。私は、このことについて考えた結果、時間を注ぐことは、愛を注ぐことなのかもしれないという結論に達した。「日ぐすり」とは、なんて素敵な言葉なんだろう。時間の本質とは、愛なのかもしれない。

もし本当に、時間の本質が愛であるのなら、私たちは、時間に追われるのではなく、時の間を味わった方がもっと愛情たっぷりの人生を過ごせるようになるのではないか。「時間がない、ない、ない……」が口癖の人は、「愛が足りない、足りない……」と言っているのと同じになるので、正直な宇宙は本当に愛情が欠乏した現実をその人に用意してくる可能性が大きい。時間と価値創造は密接に関わっているので、「時間がない」人は充実した価値創造もできなくなってしまうかもしれない。

2. 信じる力が「なんでもあり」の世界をつくる

ところで、読者の方は、神社などで売られているお守りの中身を開けてみた経験はあるだろうか。私はある。お守りといっても、中身はなんだろう、何に守られているのだろうか、という強い好奇心から、不謹慎ではあるが中身を開けてみると、なにやら紙切れに文字が書かれていた。神や宗教を信じていない人でも、きっとお守りの効力ぐらいだったら信じるだろう。お守りをゴミ箱に捨てる勇気のある人っているのだろうか。

私たちが、なぜ守られたいという願望を持っているのかと言えば、当然のことながら、「守られていない」と信じているからに決まっている。

私たちは、起きてもいないことを「もしこうなったらどうしよう」と、取り越し苦労をよくする。「もしも……」の心配をうまく利用したビジネスが保険だ。保険に加入し安心すると、本当に私たちは事故や病気をしにくくなる。それで保険会社はもうかるように出来ている。保険とは、実にうまく人の不安な気持ちをつかんでいるビジネスと言える。

また、車のバック・ミラーにぶら下がっているお守りのお陰で、人々は事故を起こしにくくなる。お守りを信じる気持ちが強ければ強いほど効果も比例するならば、保険やお守りにだって宗教的な要素があることになる。人間の信じたい気持ち、守られたい、目的や夢を達成したいという気持ちを支えるのが宗教であるのなら、保険やお守りだって宗教であるといえるのではないか。

宗教を持っていない人でも、必ず何か信じているものがあるはずだ。例えば、自分はご先祖様に守られているとか、星占いに書いてあったことを信じているとか、または、ある服を着るときは運がいいといったオリジナルのジンクスを持っている、などなど。信じるものがなんであれ、もし心の中の不安を一〇〇%取り除けるなら、それは立派な宗教として機能している。

宗教は、ニコチンパッチに似ていると私は思うときがある。ニチコンパッチは、少しずつニコチンを減らしていくので、そのうちニコチンなしでも過ごせるようになる。宗教も、神仏を信じることにより、少しずつ自分の心を信じられるようにまでなっていく。いずれ私たちが宗教を必要としない日は訪れるだろう。

私はなんでも信じられる体質で、あるシールを部屋に貼ると波動が良くなると本に書いてあれば思い立ったが吉日のごとく、早速やって様子をうかがう。だから、本を読む度にやることがだんだん多くなっていく。まるでスポンジ体質といえるが、幸いスポンジは自動的に不要なものを搾り出してくれる。なぜこのような体質になったのかといえば、私の人生には不思議な出来事が数多く起きて、疑う方こそが難しくなったからだ。一つ例をあげてみよう。

十年前のある日、私は両親と子どもたちで買い物に出かけた。次女は二歳ぐらいであったと思う。家に着いてから、台所で荷物を降ろしているときに、私の全身に虫の知らせが走った。どんな感覚かというと、言葉では説明しにくいが、全身の骨という骨が抜き取られて豆腐のようにふわふわになってしまう感じ、または忍者に関節を外されたような状態といえようか。よく立っていられたものだと後から感心したくらいだ。

その状態からはっとわれに返ると、家に上がったはずの次女の姿が見えない。入り口のドアの鍵が壊れていて、閉めたと思ったドアは閉まっておらず、次女は、また庭に戻ってしまっていたのである。父はちょうどそのときに車の車庫入れをしていたが、車をバックして再び前進したとき、泣いている次女を運転席の窓の上の辺りで見たそうだ。父の車はランドクルーザーなので、二歳の幼児の姿がそこに見えるわけはない。どう考えても、次女は空中に浮かんでいたらしい。

その後、次女は「白い服を着たおばあちゃんがだっこしてくれた」と話した。次女はおそらく父の車の前にいたのだ。そのまま車が前進していたら次女は間違いなく轢《ひ》かれていたはずなのに、父が気がつくように何かが次女を空中に抱き上げてくれたのである。

ここまで書いて、ふと私は、この出来事について再度、次女に確認してみる気になった。次女はまだその時のことを覚えている。記憶は断片的だが、車体の下が目の前に広がったのを覚えていると話している。怖かったが、「車体の下ってこうなっているんだ」と思う余裕はあったらしい。絶対絶命の立場に追い込まれた状態の人は、端から見るほど、本人は怖くないようだ。私には、その感覚が想像できる。

私と友人が、シドニー市内で、男性が即死した交通事故を目撃したことがあった。そのとき、時間があきらかに止まった。誰かが救急車を呼ぼうという気が起こり、携帯電話を手にするまで、その場所と人々の時間は完全に止まっていた。人の動きや思考が止まると時間も止まるのなら、やはり動いているのは時間ではなく私たちなのだろうか。私と即死した男性の距離は少しあったのに、男性の顔が突然ズームアップされ、その顔が目の前まで迫ってきた。きっと次女にもこのズームアップの現象が起きて、車体の下を見たのかもしれない。時間が止まった感じとは不思議なもので、ズームアップやらスローモーションやら、普段はスクリーン上でしかできないことが普通のように起きる。
次女に話を戻すと、車体の下を見たのが本当なら彼女はすでに轢かれていたはずだ。しかし次の瞬間、肩を抱かれて引きずり出されたらしい。今年で十三歳になる次女は、ぬいぐるみを使って「肩のこの辺りを白い服を着たおばあちゃんにつかまれて……」などと、その時のことを詳しく説明してくれた。

このような出来事を通して、私は、世の中ってなんでもありなんだと思うようになった。疑う方がよほど難しい。中学生の頃、テレポーテーションも経験したこともある（第7章で詳述）。また、次女の件でも分かるように、私たちに使命と寿命があるうちは、大いなる存在に守られているのは確かのようだが、それを疑う気持ちをもつと、宇宙は正直なので、疑う方の現実を私たちに与えるようになる。何かに守られているという安心感は私たちの日常生活に大きく影響する。

3. 恨みの念はアドレスが分からなくても正確に届く

西遊記の孫悟空の術の一つでもある分身の術は、実は誰でも使える。優れた芸術品は、なぜ優れているのか。それは命が吹き込まれているからだ。

物に命を吹き込む業にかけて天才だったのは、茶道千家流の始祖である千利休その人であったと私は思っている。千利休は、その辺に転がっている、一見ゴミと間違えるようなものにでも命を吹き込んで素晴らしい芸術品に変えてしまう能力を持っていた。みすぼらしいものは手を加えなければ本当にゴミと化すが、命を吹き込めばシンプルでセンスの良い芸術品を生み出す。一歩間違うとゴミ同然になってしまうような壷でも、利休の手によって高価な芸術品へと変化した。

この業は本当は千利休でなくても使える。芸術品に限らなくても、人が手を加えるものには、その人の命が吹き込まれる。違いは千利休がその原理を知り尽くしていたのに対して、私たちは無意識であるという点だけだ。

千利休が道具に美を感じると、道具も利休の念に応える。「蝶よ花よ」と育てられた人が美しくならないわけがないように。私は本を読むと、鮮明にイメージや画像が脳裏に浮かび、まるで本が突然立体化するときがあってドキッとすることがある。何度読んでも飽きない本、何度見ても飽きない映画や絵画には、命が吹き込まれている。私たちが同じ人と毎日会話しても、同じ景色を何度見ても飽きないのと同じように、読むごとに、見るごとに新しい発見がある。

私は、『神との対話』（ニール・ドナルド・ウォルシュ著・吉田利子訳・サンマーク出版）の著者がどのように神と対話するようになったのかを再現したＤＶＤ（英語版）を、十回以上は繰り返して見た。さすがに私のパートナーは「また見るの？」とあきれていたが。著者のニールが、ゴミ箱から食べ物を探して食べていたところを、通りかかった裕福そうな少年に見られてしまうシーンなどは、何度見ても私の思考は毎回違う形で影響を受けた。

分身の術は、ネガティブなエネルギーにも適用できる。呪い術などは、この原理を悪用した例だ。私は、某ホテルのトイレの洗面所で、誰かが置き忘れたハンカチを見たとたんに吐き気をもよおすほど気分が悪くなったことがある。おそらく、敏感にそのハンカチの持ち主のネガティブなエネルギーを感じ取ったのだろう。

英語圏の人で、自分の車のことをｉｔ（イット）ではなくｓｈｅ（シー）と呼ぶ人がいる。日本人でも、車と呼ばずに愛車と呼ぶ人がいる。理由は車に自分の念が入っており、車が自分の分身と化しているからだ。サイキック系の占い師は、あなたの持ち物、時計や指輪に触れて、あなたがどんな人生を歩んでいるのかを知ることができる。お疑いの方は、ぜひ自分の持ち物、ぬいぐるみでもなんでもいい、毎日話しかけてみたらいい。しばらくすると、なんらかの反応を感じるようになる。特に石や水晶は反応が早い。

ただし、悪い念なら悪霊を迎えてしまうときもある。だから、古着や中古車などを購入する際は、古着なら日光に当てるなど、なんらかの形で元の持ち主の念を浄化させた方がいい。肉体的にも精神的にも健康であれば中古品に影響されないが、そうでないときは、影響をもろに受ける。

分身術をいい方に使えれば、道具、宝石、植物、車、庭にある石まで、ありとあらゆるものを味方につけられる。私たちは、実は日常茶飯事、念をとばしている。呪い術を使用せずとも、恨みの念は本当に飛んでくる。

恨みの念を飛ばすことを、もっと怖い言葉でいえば、生霊を飛ばすと言う。自分の聖域を持っていない人は、恨みの念をもろに受けて死亡事故につながるときさえある。念は、良い念も悪い念も、人違いすることなく私たちに届く。電話をかけるには相手の電話番号が必要で、メールを送るにはメールアドレスがなくては相手には届かない。だが、霊界では、番号もアドレスもいらないのに正確に届く。

例えば、暴走族の場合、騒音の被害に遭う住民は、暴走族の一人一人がどこの誰だかは全く知らないが、それぞれの住民の「うるさい、迷惑だ」という念は、正確に暴走している一人一人の少年に張り憑き、少年は何万人という人たちの念を背負う結果となる。

一瞬にして現世を駆け回るのは、念だけではなく、言葉も同様だ。嫌いだと思っている人の名前さえ呼びたくなくなるのは、名前に現実味が帯びてしまうからであり、実際、現実味以上のものが瞬時に飛んでくる。幽霊の話をすれば、一秒とかからないうちに本物の幽霊が隣に来るため、私たちはぞくっと寒気をもよおすのであり、嫌いな人の名前を呼べば、いくら生きている人でも、その人のエッセンスまでも呼んでしまう。

噂をされるとくしゃみをするのは本当だ。名前を呼ばれると、魂がなんらかの反応をするためにくしゃみをする。この場合は、同姓同名であっても絶対に人違いはしない。「森さんが……」と誰かが噂をすれば、それは、全国中の森さんではなく、話し手の知り合いの特定の森さんを意味する。悪口を言われたなら、魂が敏感に影響を受けるために、物理的な体がバランスをくずして、転んだりする場合もある。悪口ぐらいならまだこのくらいで済むが、怨みとなれば、事がもっと深刻となる。

ところで、夢には二種類ある。一つは自分の魂が霊界へ行く場合。もう一つは霊界の存在が現世を訪れる場合。前者は夢を見たという感覚があるが、後者はどうも今のは夢ではなかったといった気がする。前者の夢は日がたつにつれて色あせるの対して、後者の夢は日とともにさらに現実味が増してくる。そしてそのうち、現実だったのか夢だったのかが分からなくなっていく。前者、後者ともそれぞれ予知夢、悪夢など種類があり、金縛りなどは後者の夢に属する。

私の亡き父は、非常に礼儀の正しい人だった。

父が亡くなって、ちょうど二十一日目（※）の夜中、目覚まし時計に起こされたが、その日は日曜日で、目覚ましをセットしてないことに気づいた。おかしいなと思ってうとうとしていると、今度は携帯のアラームが鳴ったが、もちろんそれもセットしていなかった。

次の瞬間、父がドアから入ってくるイメージが鮮明に脳裏を走った。「幽体離脱をした場合、体はないのに、霊体はいつもの習慣からご丁寧にもドアや階段を利用する、本当は、どこでもすり抜けれるのに……」などと考えながらまた眠りに落ちると、父がなんと男と女のガイドを左右に従えて、私の夢にお出ましになった。「裁判があって、喧嘩《けんか》して逃げてきたんだよ」なんて笑って話していた。

父とガイドは、リビングルームのテーブルに行儀よく着席していた。私は私で、不思議な力をいつの間にか持っており、父の大好物のイチゴ大福を手品のようにパッと出してもてなすことができた。ガイドの人も大福に手をつけた。

私が父に、死んだときの様子について聞こうと思ったら、ガイドが「お父さんは、まだ自分が死んだ事実を知りません」とテレパシーで言い、私の質問をさえぎった。

そして死後四十九日目（※）の夜中、再びセットしてないアラームが鳴った。父は、礼儀正しい人なので、アラームをドア・ノックの代わりに利用していたようだ。

四十九日目の朝、目覚めて窓を開けたとたん、白い綺麗な蝶が目の前をひらひらと飛んだ。窓をあけた瞬間、蝶が飛んでくるなんて初めてのことだった。蝶は死者からの使者と言われる。もちろんその辺にいる蝶のすべてが使者であるわけではないが、死者は心が通じている遺族などの目に留まるように、意味ありげに蝶を飛ばす。

父は、確実に三次元よりも高い次元にいる。こちらの世界のアラームを勝手に鳴らしたり、私が窓をあけた瞬間に、一秒も狂わず蝶を私の目の前に飛ばす魔法をやってのけるなんてすごいと思った。父は、無事に成仏したぞ！　と私に伝えたかったに違いない。

前述のように、三次元よりも高い次元では、念と実現が同時に起きる。夢の中で私が、父にイチゴ大福を出さなくてはと思ったとたんに、私の手からはすぐにイチゴ大福が出てきたが、この現象は、高次元にだけ起きるとは限らない。三次元にでも同じことが起きている。

ただ、肉体と物質と時間が関わるために、念と現実の間に時差が起きてしまうだけだ。この原理を知ると、喋ることが怖くなり、特にネガティブなことは言いたくなくなる。この世では、念を発してから忘れた頃に現実化が起きるため、私たちは自分の発した念のことなどは忘れてしまう。

次の章では祈願の仕方について述べていくが、念ずれば実現するという事実を理解することは夢を叶えていくにあたって重要で、多くの精神世界系の本にくどいほど、念をコントロールした方がいいと書かれているのは、このような理由からだと言える。

※死後四十九日間のスケジュール〈私の父の場合〉：仏教では、死後七日おきに行事（？）があり、四十九日目に俗世界にお別れをするといわれている。私の父の場合のスケジュールは、夢や不思議な出来事などをトータルにまとめると、次のようなものだったかもしれない。

☆初七日――透明ではあるが、ほぼ生きていた間と同じ肉体を持っている。父が亡くなった日の夜、三回ほど父の匂いがした。私は、「お父さんの匂いがする！」と騒いだ日に、末娘が父の夢を見た。私が「お父さんの匂いがする！」と騒いでいる横で、父が「俺がここにいるんだから、あたりまえだ！」と怒っている夢だったらしい。
またその夜、食卓には父のご飯も用意したのだが、末娘が「困った、ご飯あるのに、箸がどうしても手にとれないんだ！」と嘆いている父を同じ夢で見たそうだ。そうしているうちに、箸をつかめない父は、とうとう食べ物を体全体で吸収したらしい。

☆十四日目――このあたりになると、はっきりと自覚はないが、自分の様子がどうもおかしいと気づくらしい。私の夢に出てきても、棺の中や病院の白いベッドにじっと横になり、死んだふりをしている。そして父は私との約束も果たしてきた。どういう約束かと言えば、体は死んでも魂が生きているという証拠を私に見せること。夜中、私が台所に水を飲みにいったとき、台所の電気が自動でついたことなど、不思議な出来事がこの時期に頻繁に起きた。

☆二十一日目――やっとガイドが現れて、俗世界をフラフラしている父を導く。裁判が行われるのもこの時期と思われる。母も死後、ぴったりこの日に、私を訪れた。ちょうどこの時期、誰にでもガイドが迎えにくるが、浮遊してしまう魂は頑固と無知のため、ガイドを拒否して追い返してしまうようで、三十五日目あたりに予定されている自分の人生を振り返るイベントにもいけない。ガイドとしても、魂の意思を尊重するしか方法はなく、無理やり導くわけにもいかず退散するしかない。生前、精神の成長をめざしていなかった人が、突然、魂だけの状態となったからといって、自動的に改心はしない。頑固な人は死んでも頑固なままでいる。それでも、浮遊できるならまだいい方で、地獄に属する人は、初七日を俗世界でうろうろしたり、浮遊霊になる猶予も与えられずに息を引き取ると同時に地獄へ直行すると私は理解している。

☆二十八日目――ガイドと共に、生前お世話になった人たちを訪れる。

☆三十五日目――このあたりで、大きなスクリーン上で自分の人生を巻き戻してじっくりと見る。死の自覚もでてくる。

☆四十九日目――私の住んでいるシドニーのアパートは、とても狭くて大型のペットを飼えないので、ステック・インセクト（ナナフシ）という虫を子どもたちが飼っている。父が亡くなった翌日と、四十九日が明けた次の日と命日の十六日、父の誕生日の二十二日に、虫の赤ちゃんが生まれた。翌月、また十六日と二十二日に赤ちゃんが生まれた。子どもが日記をつけていたので、まず子どもが、おじいちゃんに関係する日に赤ちゃんが生まれていることを発見したのだ。父が亡くなった日は十六日であったので、それは私にとって悲しい日だったが、父にとっては霊界に戻った喜ばしい記念日だったのかもしれない。

そして、四十九日目には蝶が飛んできた。この日に父は成仏して高次元に上昇し、蝶や虫を利用して私にコミニュケーションをとってきたのだろう。目に見えないことは一切信じないと言い切っている姉に、蝶の話をしてみたら、案の定、蝶なんてその辺にどこにでも飛んでいるじゃないと一笑された。そのとき私は、どこかの本に書いてあった「見るから信じるのではなく、信じるから見えるのだ」という文章を思い出した。この世には、見えるから信じるタイプと、信じるから見える二つのタイプの人がいる。確かに姉の言うとおり、虫や蝶はどこにでもいるが、高次元の存在が三次元の私たちに伝言を伝えるときに使う虫や蝶は、言葉では説明しにくいが、どことなく特定さを感じさせる。ちなみに、元主人の父親が使者として使ったのは蛙だった。元舅《しゅうと》は、ニュージーランドで亡くなり、私たちは日本にいたのだが、危篤の知らせを聞いたとき、どこをどう入ったのか分からないが、蛙が一匹玄関に迷い込んできた。第六感の非常に強かった私の母は、「あれ？　これって、絶対向こうのお父さんよ」と自信をもって言い切った。メッセンジャーとしての小さな生き物や虫は、言葉では表せない、ただならぬ雰囲気を持っている。日本語の虫の知らせとは不思議な言葉で、語源は、腹の虫ということになっているが、本当は、霊界の存在が、現世の人に何か伝えるために使用する特定の虫を意味していたのではないか？

4. 紙に神への手紙を書けば上に近づく

『天空の企て』（ウォルター・バーグ著・渡辺恭三、水井久美共訳・扶桑社）という本の中に、自分のパーソナル・ガイドと連絡をとるには、まず自分の中に聖域を持たなくてはならないと書いてある。

私の日本の実家の近くには神社があったが、ある日、その神社の森が火事になった。しかし、不思議にもその神社と神社の周りだけはまったく無事であった。人々が祈る場所というものは神聖化しやすい。このような聖地をイヤシロチ（パワースポットのような聖地のこと。その反対の磁場が狂っているような土地はケガレチ）という。このイヤシロチを、自分の家にも心にもつくっておくことを勧めたい。私は仏教徒なので、家には仏壇があり、ご本尊に向かって毎朝、毎夕、読経をする。そうすると、仏智慧を頂いて三次元世界よりも高い世界が見えてくる。私にとって本尊は高次元への扉でもある。

宗教を持っていない人でも方法はある。家の中の一番落ち着く場所を、自分なりに神聖化するのだ。花を飾ったり、御香をたいたり水晶などの石を置いたりするのもいいかもしれない。石は、地球が誕生して以来存在するもので、地球のすべてを記憶しているアカシック・レコード（※）でもあるのに、頑固な意味で石頭なんてひどい言葉に使われている。石は、空中に浮かんでいるオーブと同じような意思を持っている。石と意思は、偶然に同音語になっているわけではないのではないか。大きめの水晶を手のひらに置いて瞑想するとき、私はまるで母なる大地に包まれているような気がする。石はペットも比較にならないほどの忠実心を持っている。一度、石と意思の疎通を試みることを、読者の方にもお勧めしたい。なお、アクセサリーなどに使用している小さめの石よりも原石に近い、大きめの石の方が意思の疎通がしやすいようだ。

それと拝む対象を置いてもいいが、それは高貴であれば高貴である方がいい。人間の念とは強いものであり、拝むものを引き寄せる力を持っている。人という字は、じんとも読み、それは神《じん》と同じ音となる。人とは本来、どこまでも穢《けが》れることもできるが、どこまでも崇高な存在になれる可能性も秘めている。神に祈るときに、本尊がない方は富士山の絵や写真がお勧めだ。私は、富士山やヒマラヤには秘密があるとだいぶ前から思っている。

もちろん三次元的に富士山を掘ってみても何も出てこないだろうが、高次元のレベルで富士山には、地球の人々すべてのアカシック・レコードを保存する場所などがあるのではないか。これが、シャンバラ（※）と呼ばれる世界かもしれない。

※アカシック・レコード：サンスクリット語で人々の前生を記憶しているもの。私個人の理解では、この記録は日本なら富士山にあるとみている。しかし次元が異なるため三次元的に掘っても発見できない。

※シャンバラ：地球内部にあるとされている世界。私はシャンバラが地球人の輪廻転生を司っているのではないかと考えている。

そして、ご本尊をご先祖さまにする場合は尊敬できる生き方をした方を選んだ方がいい。あまりいい生き方をしていないご先祖さまが、死後いきなり人を導けるようになるはずはない。改心は死後の方がむしろ難しい。なぜかと言えば、死後は同じ波長の魂と共に暮らすため、低い境涯に入ると同じく低い境涯の魂と共存するから、学びの機会が少なくなってしまうようだ。

また、自分の家を神聖化するには徹底した整理整頓と掃除が必要であり、心を神聖化するには身だしなみや言葉、マナーにも常に気をつけた方がいい。だらしなく汚いところに神は宿らない。これは風水の基本でもある。形から入る方法も悪くはない。

さて、このように自分なりの聖地を完成させたあとの活用法について説明しよう。

私は、一つ心に決めたことがあり、このことに関しては、すでに一年間実行している。何かについて悩んでいるときは、人に相談をしない方がいいようなのだ。人ではなく自分の守護人や神に相談した方がいい。特に、相手に怒りや文句をぶつけると、ほとんどの場合は、相手も同じレベルかそれ以上にやり返してくるので泥沼化してしまう。

さらに相手が居直ってしまえば、収拾がつかなくなる。そうならないためにも、そのままの気持ちや不平を神にぶつけるのだ。紙に神への苦情を書く。嫉妬や恨みなど、どんなネガティブな感情でも余すことなく書き出す。この場合に限って少々下品で汚い言葉を使ってもかまわない。神の前で、取り繕う試みはしない方がいい。なにもかもぶちまけた後に、神からの回答が必ずある。そしてさすがに神だ！　と納得できる展開が起きる。神からの応答のスピードは精神的成長段階によって異なってくる。

『神との対話』（サンマーク出版）の著者ニール・ドナルド・ウォルシュは失業してホームレスになり、一時期ゴミ箱から食べ物を探していたときもあったという経験の持ち主だ。彼がどのように神と対話をするようになったかというと、彼はまさに紙に神への怒りをぶちまけ、そして翌朝、神からの回答がきたのだった。

私は、この方法を使うようになって夫婦喧嘩をする必要もなくなった。神にパートナーに対しての不満をぶちまけて、まず気分がすっきりしてくる。愚痴や不満は人にぶつけると罪になり自分自身も汚すが、神にぶつけると罪にはならないし身も汚さない。汚すどころかみそぎにつながる。人に相談すると、人が間違ったアドバイスをする可能性もある。「あなたに一体何が分かるの？」と思わせるような助言をする人は、大抵の場合、あなたの気持ちを分かってはいない。同じような経験をした人なら別だが、同じ経験をしていない人に、あなたの気持ちが分かるはずもない。だから、神に相談して気分をすっきりとさせた方がいい。その後はまた素晴らしい展開が待っている。その展開については、読者のお楽しみとしておく。ただ、手紙を書く際には宛名をきちんとした方がいい。自分が信じている神様の名前でもいいが、それがなければ自分の守護霊「ハイヤー・セルフ」でもいい。また、誰かに不満をぶつける前に、紙に相談すれば、うまい具合に必要、不必要な事柄が振り分けられる。ただ、この振り分けをしても我慢できずに言ってしまったことには、くよくよしない方がいい。それは、ぶちまける必要性があったからだというように理解した方がいい。

神との対話は紙との対話でもある。紙に思いを書くと誰も返事をしてこない。しかし、その代わりに内なる自分、神とつながっている部分が反応してくる。紙に神へ手紙を書くと、さらに上《かみ》へ近づく。邪念などのない聖地を自分の家につくると、自分の心にも聖地を創れる。内なる自分は、家《うち》にある。すべての基本は家にある。読者の方々、ぜひお試しあれ！　人間だけの世界ではろくなことがない。これからは、神も仲間にいれよう。

紙に書く行為はきわめて神聖なものだ。その証拠に、私たちが災害などに遭ったとき、まず手にするものはすべて紙類だ。紙幣、預金通帳、パスポートや各種証明書、婚姻届、死亡届、お守り、お札、聖書、逮捕状、憲法に至るまで、すべて紙に書かれているものだ。万が一火災などですべてが燃えてしまっても、これらの紙類があればすぐに何とかなるようになっている。まさに紙様ではないか。私は、二〇一四年末から二〇一五年前半にかけてオーストラリアのＮＳＷ（ニュー・サウス・ウェールズ）州に何か嫌なことが起きると予感して、災害用のバッグを用意した。懐中電灯や下着類や非常食、そして書類などを詰め込んでおいた。そのときに紙類が多いのには驚いた。パスポート、出生届、保険の証明、子どもの予防接種証明、日本の戸籍謄本、年金手帳など、束になるくらいあった。

一昨年、私は那覇市のある美容師さんにパーマをかけてもらった。その美容師さんは、人の髪に触れるとその人の人生のことが分かると教えてくれた。それを聞いて早速私の人生についてもみてもらったが、ぴたりと当たっていた。かみと発音する言葉には、神聖な意味が含まれている場合が多い。神、髪、紙、上、守、噛み。噛むことは、私たちの命の元であり、お正月にお餅を食べるのは、よく噛み、噛み合わせ、つまり神合わせのためと言われているそうだ。

紙は、大地の栄養を摂って育つ木から出来ている。「ｔｏｕｃｈ ｗｏｏｄ（タッチ・ウッド）」という英語の諺《ことわざ》がある。英語圏の人は、何か不吉な発言をしてしまったときに木に触れると不吉を打ち消せるという意味で、実際に近くの木製の物、椅子や机に手で触れる。英語圏の人も同じく木が神性な力を持っているという事実を知っている。木には精霊が宿っているため、紙や家具や建物と形が変わっても、その神性さを失わない。製紙の過程には大量な水も必要とする。紙の中には、地球のエッセンスがギュッと詰まっている。

その紙に書くことは、地球全体に宣言することにつながる。祈願するときに、紙に書くのと書かないのでは、雲泥の差が出る。私は、ビジネスを勉強した際に、一五〇頁ほどのビジネス・プランを最終的に仕上げたのだが、このプランがないビジネスは成功しにくいという事実を学んだ。

そしてそれは祈願にも同じことがいえる。祈願をすると自然にその後には計画が続く。計画の後には行動が続き、その後には結果が続く。私たち自身が何を明確にしたいのか分からなければ、宇宙だって私たちを導きようがない。神様がなんでも知っているわけではない。知っているかもしれないが、選択権は私たちに委ねている。紙に書いた祈願は、私たちの人生の地図になると同時に、神が私たちを導くための地図にもなりうる。

繰り返すが、最近、魔が暴走状態のため祈願を心で念じるだけでは途中で打ち消されてしまう場合がある。紙にしっかりとつづれば魔は手出しができない。文字は霊的な自分に彫刻のように刻み込まれる。なぜ刻み込まれるのかと言えば、いったん紙に書いて保管された情報や言葉の意味の波動は、四六時中、自動的に宇宙に流し続けられるからだ。お守りや御札は、この原理を利用している。「耳なし芳一」という怪談にも示されているように、文字には、私たちの理解を超える力がある。それに比べると、思いを継続するのは難しい。私たちは、百八もあるといわれている煩悩を抱えている以上、多種多様な思いに常に邪魔されて、さらに日常茶飯事的に、未浄化霊に思考も乗っ取られている。

ただし、紙に印刷されていないパソコンの文字には、未浄化霊が手出しをすることが可能らしい。ネット上で不思議な経験をした方は、案外多いのではないか。未浄化霊が多い所で機械の故障が多いのは、電磁波が未浄化霊の波長に合っているからだ。

今の時代、携帯メールで喧嘩もできるようになったが、どのような事情があっても、携帯メールを使用して文句や苦情を伝え合うのは止めた方がいい。会って話せばなんでもないような内容でも、電子の文字だと受け取る側にとっては、なぜか嫌みにとれてしまう。だから一切の批判も避けた方がいい。会って話せない状況なら、せめて電話で話すことをお勧めしたい。

紙には人間の感情を処理できる力がある。紙に書いた後、神に祈るとさらに効果がある。この効果については、読者のお楽しみとした方がいいと思ったが、一つの例だけあげておこう。私の家庭内で起きたまったく他愛のない出来事だが、紙に書き神に祈らなかったら別居問題にまで発展していたかもしれない。

ある日曜日、私のパートナーは大事な書類を失くしたので、何時間もかけて探し物をしていた。その矢先、タイミング悪く彼は次女がバイオリンのケースの鍵を紛失していることに気づいた。そのとき彼は、まるで鬼の首でもとったように、「どこに置いたか覚えてもいないのか?」と次女に怒り始めた。「それって、自分に言いたいことじゃないの?」と、私は噴き出しそうになったが、本人は真剣に怒っているので笑いたいのを懸命に抑えた。

彼は何時間も必死に探したが、探し物は出てこなかったので、すでに機嫌は相当悪い。探し物を見つけられない自分に怒っているが、自分に怒鳴るわけにもいかず、いい具合に次女も鍵を失くしたことを発見し、「いいタイミングで怒りの対象が出来た」と彼の潜在意識は大喜びをしたのだ。

人間とは、なんというタイミングで八つ当たりの対象を見つけることができるのだろうと、私は内心舌を巻く思いだった。まさに天才的能力ともいえる。そこで、もし私が、「自分が物を失くした怒りを娘に八つ当たりするのはやめてよ」と、事実をその場で彼にたたきつければ、おそらく今度は、私と彼とのどろどろの喧嘩に発展していたに違いない。

怒っている人に怒っても事態は悪化するだけだ。喧嘩するときには、相手に逃げ道を与えておかなくてはならない。そうしなければ相手は居直る。私はこの頃ちょっとだけ賢くなったので、言いたいことを飲み込むことができるようになってきた。かなりの時間を要したが、最近これが訓練の末、一〇〇%ではないにしろやっとできるようになった。この出来事があってから、まず私は自分の部屋に入って、彼に対する苦情を紙に書きなぐったあと三十分ほど読経に入った。これは飲み込んだ言葉を吐き出す作業といえる。紙は何でも飲み込むブラック・ホールであり、同時に何でも吐き出しさらに創造するホワイト・ホールの役割をしている。夫婦喧嘩だって、人間レベルだけで留まるのではなくスケールを大きく宇宙や神を、またブラック・ホールやホワイト・ホールを巻き込めば、聖なる戦いへと変化する。

さて、そのあとわが家はどうなったかと言えば……静かな時間が経過し食事の時間になった。パートナーは申し訳なさそうな顔をして部屋から出て来て、まさか「さっきは怒り過ぎて、ごめん」と素直に娘に謝るのも恥ずかしかったのか、それとはなしに娘の機嫌を取りにきた。格好よく言えば、戦わずして私と娘は勝った！　パートナーは、私がこのような武器を持っているとは知らない。言ったとしても、彼はこのようなことをあまり信じない。なぜかいつも夫婦喧嘩には勝てないなーなんて、内心不思議に感じているのかもしれない。

問題がもっと大きく複雑で時間がかかる場合でも、この方法は適用できる。まずは、自分の相手に対する怒りや要求などを洗いざらい書き出すと、紙に書くだけでも満足できる箇所も出てくるので、必要、不必要な部分の振り分けができ、これだけでも家庭内や社会はだいぶ平和になるはずだが、相手に手紙を見られないように、注意はした方がいい。

『いつまでもデブと思うなよ』（新潮新書）の著者である岡田斗司夫氏も、「まず、ノートを一冊買う」ことを奨励していて、食べた物の記録をとるように勧めている。氏は、食べた物の記録をレコーディング、そしてこれを助走と呼んでいる。岡田氏自身はお気づきではないかもしれないが、同氏は紙に書いたからこそダイエットの神に導かれたのである。

ここまで書いて、私はなんとなく香港のコメディーの「キョンシー」を思い出した。昔、日本のテレビでも放映された幽霊のおでこに御札をつけておけば静かで、いったんその御札を外すと幽霊が大暴れするという映画だ。昔はただ笑って見ていたが、今考えてみるとなかなか的を射ているドラマだったと言える。紙に書いた文字は、水戸黄門様の印籠のようなものと言える。魔や未浄化霊が手が出せないほどの神聖さが紙にはある。

現在は電子メールの発達で、紙に文字を書く必要も少なくなった。それはそれで環境問題にとってはいいニュースだ。しかし、重要なことにおいては、やはり紙を使用した方がいい。紙に書くことは、母なる地球に思いを刻み込むことになるからだ。

精神は、神の精と書く。「せい」という音の漢字は、神聖な響きのあるものが多い。靖、省、誓、世、盛、星、正、聖、静、晴、性、生と逝、醒、成、整、声、誠、など。「しん」も同じく進、伸、清、真、慎、秦、新、信、親、深、身、賑、森、などがある。精神とは、右にあげた文字のすべての性質を含んでいるものではないか。これらの文字に限りなく自分を近づけるには、まず精神である心に耳を傾ける習慣を身につけるといいかもしれない。自分自身の精神に向かわずにして神には出会えない。神に手紙を書く作業は自分の神聖なる精神に向き合うこととなる。

子どもたちは「なぜ?」または「どうして?」を連発する。それなのに大人になると何か大変なことが起きても「なぜ?」と深く考えなくなってしまった。すべての出来事には意味があるので、神の精である精神は「なぜ?」という問いかけを歓迎してくれる。意味のある事柄に、なぜと問いかけてみなくては、「なぜ」の意味が表れてこない。

神は必ずあなたの「なぜ?」に答えてくれる。「なぜ?」という質問を投げかけると、神としても私たちを導きやすくなる。短気にならずに、回答に耳をすませれば、神は必ずいろいろな形で回答をくれる。私もある問題をかかえていたが、紙に問題を書いて整理しているうちに、原因や結果、カルマなどについて、どうして？　どうして？　という疑問を投げかけるうちに　家系図を書くことにまで発展した。そして前にも述べたが、私の家系図にあるパターンがあることを知るに至った。

私は、毎年帰国する度に新しく出来る日本語に戸惑う。ついこの頃、イケメンやイクメンという言葉も知ったばかりだ。メンとは、「面」を意味するのか英語のメンなのかは分からないが。また最近「青い鳥症候群」と呼ばれる症候群もあると知った。鬱《うつ》病のことらしい。「青い鳥」とは、チルチルとミチルが幸せの青い鳥を探すために旅に出るが、実は青い鳥は自分の家のすぐ近くにあったという物語だ。私は「青い鳥症候群」についての説明をネットで検索しているうちに、ふと次のような青い鳥の替え物語を思いついた。

「私たち人類は神を求め、教会や寺院を世界中至る場所に建立した。また多くの拝むべき仏像等も築いた。夥《おびただ》しいほどの宗教もつくった。そのために人々は争い、宗教戦争まで も引き起こした。神を求めるからこそこのような行為に走った。その点を考慮すれば、人類は健気で可愛い存在といえる……。

精神とは、神の精と書く。文字通り、私たちの精神は神の精だ。私たちはこれだけ遠回りをしたあげく、実は神とは私たちの精神である事実に気づいた……」

自分の精神に耳を傾けるということは、アイデンティティーの確立につながる。地下鉄サリン事件の主犯であった元医師の林郁夫の手記『オウムと私』（文藝春秋）を読むと、なぜ自分の心に耳を傾けないと失敗するのかという理由がよく分かる。

『オウムと私』には、林郁夫が純粋に人を救うために医師となってから、お釈迦様の教えを求めてオウム真理教に入信して、遂には殺人まで犯していく心理がつづられている。

この手記を読んでいると、「……困ったと思いながらも私は、はいと答えていました」「独善的な傾向があると感じていました」「なんだかおかしいと思っているものの麻原とオウムから離れることができませんでした」というような表現が多い点に気づく。この人は、困ったなと思いながら、はいと言うべきではなかった。なんだかおかしいと思ったなら、直ちに活動を中止すべきだった。麻原は、このような信者の心の揺れを「観念」と名づけて「観念がなくならない限り解脱はできない」と言ってのけ、信者を巧みに洗脳していった。元医師のこのような表現は、殺人を犯す段階に入っていくと、「やばい」という表現にまで変化していく。それでも途中で逃げ出せなかった彼は、もっと自分の心から発せられるメッセージに素直になり、あくまでも自分を基準に考えるべきだった。自分自身を保つことは頑固であることとは違う。

第4章　正しい間をつくれば魔《ま》は遠ざかる

1．疲れるという言葉が憑かれるにつながっていく

さて、祈りを「神様お願いします」といった、ただの他力本願としてみている方々は案外に多いと思う。他力本願に傾いている宗教もあるかもしれないが、本来、祈るとは自分の神性に祈ることを示す。そうすることによって他力と自力が調和する。芥川龍之介が少年少女向けに書いた「蜘蛛の糸」というお話がある。大泥棒が地獄に落ちるが、生きている間、蜘蛛を助けた縁で蜘蛛の糸に助けられる……というお話だ。私は「蜘蛛の糸」を読んで、作者が「大泥棒が少しでも生きている間祈ったこと」を、「蜘蛛を助けたこと」に比喩しているように感じた。祈れば、自分の神性が現れてその神性に自分が守られるようになる。後ほど説明するが、私は「蜘蛛の糸」の本当の題名は、「雲の意図」であったと思っている。

祈りや拝することは、できれば朝一番で行う方がいい。疲れてからでは遅い。私たちが本当に病気のときには、自分で歩いて病院へいく気力さえ失うのと同じで、私たちは、神

から離れてはいけないときに限って、神から離れてしまいがちとなる。これも魔の仕業なのだが、疲れると祈ったり、拝したりする力もなくなる。また疲れると、精神的に無防備になり、魔に憑かれやすくなる。いったん憑かれるとエネルギーを詐取された上に、魔に衝《つ》かれて、しまいには「尽かれる」結果となる。一度この悪循環にはまってしまうと、そこから脱出するのは難しくなってしまう。

つかれるという言葉には、「突かれる」「衝かれる」「尽かれる」「吐かれる」など響きの悪いものが多い。憑かれるときには、いつ何時でも憑かれてしまうのだが、朝一番で祈りやみそぎを行うと憑かれる可能性は限りなくゼロに近くなる。体や心が元気なときに祈りをすませてしまい、夕方や夜になって疲れてきたときには守りに入った方がいい。また、今説明したように、疲れたという言葉の響きは良くないので、疲れたら「疲れた」と言わずに、「少し休みたい」「休息が必要」「ゆっくりとしたい」といった表現に言い換えた方がいい。疲れるを何百回と繰り返せば、そのうち本当に憑かれる結果となる。

2. 神芝居なる紙芝居の重要ポイントは自分の心に聖域を持つことである

小学校五年生になる三女は竜系の神様と友達であるらしい。彼女は小さい頃からよく竜の絵を描いた。仏壇のまわりに竜がとぐろを巻くようにしているとも話していた。数年前に、彼女は一時期学校で仲間はずれになったことがあるが、そのとき竜のお友達に助けられたらしい。その様子を彼女に描き留めさせてパソコンで清書し、子ども向けの絵本としてアマゾン・キンドルに出版したことがある。英語版で、題名は『The story of Jemaline ザ・ストーリー・オブ・ジェマリン』(本書の最後に紹介)。

絵本の内容を簡単に説明すると、三女が仲間はずれになり独りでお弁当を食べていたときに、輪郭だけある透明な竜が舞い降りてきて、透明な本を彼女の目の前に落としていった(オーストラリアには給食がない。子どもたちは各自お弁当を持ってきて、雨の日以外は校庭で食べる)。三女は、その本を手に取ろうとしたが、手からすり抜けてしまう。それなのに不思議と本の内容は頭に入ってきた。本が、独りぼっちでいることに対しての解決法を教えてくれたという話だ。竜のお友達は、「選ぶことだよ。勇気がある自分と弱虫である自分のどちらを選ぶか？」と問いかけてきたらしい。竜のお友達は、頻繁に学校の校庭に現れて、竜の数が増えるときもあるようだ。ただ最近は、三女にはお友達がたくさん出来て、幸せかつ元気いっぱいで学校へ行っているので、あまり竜を見かけなくなったと話している。

そんな彼女があるとき一時間も自ら読経をしたので、私は驚いた。やはり訳があった。こんなに小さい子どもに自発的に一時間も読経などできるわけもなかった。彼女は、神芝居なる３Ｄバージョンの紙芝居を二つも見せてもらっていた。はじめの一つは、三女が見たとおりに描き、二女と三女の共同作業でパソコンで清書した。はじめのお話は、魔にふりまわされないことがいかに大切であるかを、子どもに分かりやすいように示している（図４参照）。訳をすると次のようになる。

１　ある日、ある家族が家で寝ていました。

２　すると、突然外が騒がしいので、目を覚ましてしまいました。

3　外を見てみると、なんと戦争が始まっていました。
4　家族はあわてて家に戻り、死にたくないと言って祈りました。
5　悪い人たちは、その家族を殺そうとするのですが、透明なプロテクションの泡が邪魔をして殺すことができません。
6　そうしているうちに、悪い人たちは皆死んでしまうか消えてしまいました。
7　家族は外に出てみました。
8　家族は悪い人たちがいなくなったので大喜びでした。

この神芝居なる紙芝居の重要なポイントは、四番目だ。信心することは、神や仏を単純に拝むことではない。信心とは、心を信じると書くように、本来自らの心を信じる力を示し、自分の心に神とつながる聖域を持つことをいう。三番目の戦争の始まりとは、煩悩との戦いを表している。宗教を持っているかどうかにかかわらず、自分の心に聖域を持っているか否かで、三番目以降、大きな分かれ目となる。自分の聖域をきちんと保つと、煩悩と奮闘する必要性も最低限に抑えられる。

図４-①

Once there was a small family sleeping in their home.
Suddenly they heard lots of noise outside, so they woke up.
They went outside to look at what was happening. A war was starting.

図4-②

They quickly went back into their house, and prayed
so that they wouldn't die.
Invisible
protection
bubble
The bad people tried to kill the family but
they couldn't.
Soon all the bad people died and some
disappeared strangely.

図4-③

They checked outside and...
The bad people disappeared.
And they lived happily ever after.

娘が見せていただいたお話はもう一つある。それは、「ある三人が、駆けっこをしていました。途中で一人が転んでけがをしたようだったので、一人は駆けるのをやめて転んだ人を助けました。最後のもう一人は、自分が勝ったと大喜びをしたその矢先、大きな石にぶつかり大けがをする羽目となりました」というお話だ。自分が正しいと判断したなら、何にも流されず信念を貫くことの大切さを教えてくださったのだろう。

3．他人任せは化け物任せになっているということである

神を仲間に入れるには、注意しなくてはいけない点もある。神や霊にもレベルがあるからだ。より高貴なレベルの神や霊とつながるには、常に自分の精神レベルを高く持つ努力をしなくてはいけない。私には多少霊感があり未浄化霊に遭遇するときもあるが、最近これらの霊とは必要以外は縁を切るようにしている。霊が見えたからといって喜ぶのも止めた。理由は、私の心がネガティブな状態のときに、ここぞとばかりに未浄化霊が私の思考に影響してくるからだ。このような霊は、私たちのネガティブな感情や思考を栄養源とし

ているので喜んで変な入れ知恵をしてくる。

未浄化霊は、すでに失ってしまった肉体に執着を持っているため、人間の形をしているものに憑くのが好きだ。等身大のアイドルのポスターなどには、未浄化霊が入りやすい。人形も憑かれやすい。

私には一度、人形が話しかけてきた経験があり、二度と人形は家には置かないと心に決めた。子どもの古いお人形をゴミに捨てようと、外のごみ捨て場に立ったとき、人形が「捨てないで」とテレパシーで言った。私はその場に凍りついた。「捨てないで」と言った瞬間、お人形のプラスチックの腕が柔らかい人間の腕のようになり私の胸に顔をうずめてきた。その感触をいまでも忘れてはいない。私には、霊を成仏させるほどの力がないので対処に困り、近所の日本人霊能師に人形を預けた。その後、人形とは古くなったからといってゴミ箱に捨てるものではなく、お寺で人形供養というものをきちんとしてもらうものだと、友人から教えてもらった。私は、このときなんとなくピノキオを思い出した。木の人形でも魂が宿れば動くものなのだ。

人形やポスターでさえこうであれば、ネガティブなエネルギーを発している本物の人間なら、瞬く間に未浄化霊が飛びつく。気がつかない方も多いとは思うが、未浄化霊に私たちは簡単に影響されてしまっている。私たちは、知りたくない、信じたくない、聞きたくない、そして自分の頭で考えたくないという性質を持っているから、他人の思考が入りやすい。他人任せな生き方を侮っては危険であり、それは他人任せどころではなく、化け物任せになっている場合が多い。化け物は、あなたの体を使って、自身の前生を再現しようとする。これも、歴史が繰り返される理由の一つとなる。

人をコントロールする宗教が入り込めたのもこのような理由からだ。だから本当は、コントロールされる私たちにも問題がある。だます方も悪いが、だまされる方もどうかしている。私たちは、隙だらけで眠りながら生きているのとあまり変わらない。私はちょっと前まで未浄化霊の影響などは大したことがないと思っていたが、未浄化霊の親分が魔であると分かってから、魔の手にはのらないように身も心も引き締めるようになった。知りたくない、信じたくない、聞きたくない、そして自分の頭で考えたくないという人は、未浄化霊の格好の餌食となる。未浄化霊は、現世に未練を持っているため、物理的な肉体には飢えている。そこへ無防備にもアイデンティティーが不在な肉体が、ふらふらとしていれば、迷わず取り憑く。

すでに多くのスピリチュアリストが鏡の自分に話しかけることを勧めているが、鏡の自分に話しかけると、自分に憑いている魔物を追い出せると私は理解している。自分で自分に話しかけると、話しかけている自分は魔物に対して「おい、こら、この人間のオーナーシップは私が持っているのだぞ！」と宣言することと同じになるからだ。朝、歯を磨く前でもいい、一言ポジティブな言葉をかける習慣を身につけることをお勧めしたい。「おはよう、今日もいい女だね」なんていう一言でもいい。そうすると、魔物は、「お、やばい、気づかれたか」と言って退散していく。

鏡は、私たちの知らない不思議な魔力を持っている。私も去年、オーストラリア国内を旅行した際に、宿泊したホテルの部屋の鏡に映った黒い影を見た。どうも旅行先で事故死をしたらしい人の霊のようだったが、不思議なのは、部屋には姿が見えないのに、鏡だと見えることだった。そういえば、母が持っていた昔の鏡台には布が被せてあった。理由は私にもよく分からないが、洗面所や風呂場の鏡をのぞき、寝室などにある鏡は、使用しなければ被せておいた方が家の中の雰囲気が和む。

世の中には、「どうせ誰も私を理解してくれない」「どうせ誰も見ていないから」という理由で犯罪に手を染める人がいる。どうせ誰も見てないからと空き缶のポイ捨てなどもする。しかし、よく考えてみれば「自分」が見ている。だから自分を仲間はずれにすることほど恐ろしいものはない。「誰もいない」って……それでは自分は、幽霊か、透明人間なのか。こう考えると、自分と向き合うことがどれだけ大切なのかが分かってくる。自分がいるのに、誰もいないと思えば、未浄化霊はあなたが空き家だと思って喜んで集まってきてしまうし、実際にあなたは空き家化している。

だから、自分の存在を再確認するためには、鏡の自分に話しかけることには大きな効果がある。存在感がない、他人に無視されがちの方は、空き家状態が深刻に進んでいて最悪の場合、幽霊化している可能性がある。

誰も私を理解してくれないと感じるのは、自分が自分を理解していないからで、他人もあなたを理解できない。まったく異性にもてず、自分の容姿が嫌いで嫌いで仕方がない人が、よく見れば目が魅力的ではないかとか、スタイルも悪くないと思い始めるようになってから、もてるようになったという人の話を聞いたことがある。美術品にも同じことが言える。多くの人が美しいと思ったものには、どんどん価値が出てくる。もとはガラクタのような品物でも、長い間多くの人に観賞されて褒められていくうちに、国宝級の美術品に変化していく。

4．正しい間をつくれば魔に降伏せずに幸福になる

魔がさすとは、魔が入れる間をつくるという意味だ。この魔が入れる間をつくると、未浄化霊ももれなくごっそりとセットでついてくるので、間はつくらないと心に決めた方がいい。「隙間」とは、「魔が好く間」という意味にとれるし、放っておけば「ココロのスキマ、お埋めします」と言って『笑ゥせぇるすまん』がセールスに来てしまうかもしれない。

ただし「間」には、いい「間」も同時に存在している。「間が抜ける」というときは、間が抜けている状態を批判しているのであって、つまりは間は抜かない方がいいという考

えからこのような表現がつくられたはずだ。「間をおく」「間に合う」なども間が大切であるという意味合いを持っている。「間」は、まさに、「○○とハサミは使いよう」のごとく、紙一重、つまり神一重の差でどちらへも転べる。ちなみに「人間」という言葉にも、「間」がついている。この「間」を、魔に委ねて「人魔」になるか、それとも神聖な「間」を持つ「人間」になるかの選択肢を私たちは持っている。

ところで、未浄化霊によっては、私たちの魂を乗っ取ってしまうほど迫力のあるものもある。私は、現在の地球の全人口よりも未浄化霊の数が上回っているような気がしてならない。生きている人間一人あたり二、三の未浄化霊ぐらいは軽く存在する計算ができるかもしれない。私自身も未浄化霊に乗っ取られたときもあるし、乗っ取られているなと感じる人にも多く出会う。未浄化霊を成仏させてあげられるだけの力を持っている人以外には、それは危険な存在だ。中途半端な力しか持っていないのに、未浄化霊を助けようとすると、ミイラ取りがミイラになってしまう羽目となる。私的には、前述のように鏡に話しかけることが憑依に効果があると思っている。

また、知識もなしにお経を読むのも危険だ。お経によっては、未浄化霊が大集合してしまうものもある。

私は、あるお経のＣＤを夜寝る前にかけたことがあった。その経典を、日本でも信奉されている方が多いようなので、尊重をする意味で、経典の名前は公表しないが、その夜、私は苦しそうな顔をした男性に首をしめられるという金縛りに遭った。私のパートナーも仏教に興味があるため、翌日、その教典について調べてくれた。ある台湾出身のお坊さんの講義によると、この教典は未浄化霊にとって子守唄のようになり、未浄化霊が大集合してしまうらしい。

お経は薬のように扱い、きちんと処方した方がいい。お経ならなんでもご利益があるわけでもない。すでに時代遅れのものもある。写経や読経をされる方は、きちんと自分なりに仏教を学んでからすることをお勧めしたい。

また自らが発したネガティブな一念を野放しにし過ぎると、未浄化霊に思考を乗っ取られる場合がある。私も一度憑依にあったが、体がだるくて仕方がない。病院にいくと、鬱病と診断された。間をつくらない方法は、宗教がない人はそれぞれ個人で瞑想の仕方などを工夫して、なるべく高い波長を維持できるようにした方がいい。

また、生きている人の念も自分のオーラに張り付く。例えば、「私は今、お金に困っている、とても貧乏だ」と多くの友人に愚痴をこぼすとする。そうすると友人たちは、「そうか、この人は貧乏なのか」と思うため、その思い通りのイメージが自分に憑く。祈りや良い思いも届くが、まったく同じように呪いや悪い思いも届く。病気に関しても同じ原理が働く。何かの病気になったときは、家族や病院関係の人以外には、必要がない限り病気についてあまり話さない方がいい。「私は、こういう病気で……」を繰り返す度に、この病気のイメージは、あなたに張り付き、張り憑いていく。

私は仏教徒なので、読経のときが自分の心の点検の場となる。読経していると、「今日は、ここがだめだった」とか「あれは、失言だった」とか、「こういうところは、改善すべき」などという思いが、不思議とどこからか入ってくる。

鏡を一日一回も見ない人はいないだろうが、心の鏡も毎日見た方がいい。宗教がない人でも、なんらかの方法で心の鏡を持った方がいい。部屋の埃が毎日積もるように心の汚れも毎日確実に積もっていく。湯船に浸かっているときや、夜空を見上げるときなど、一日の自分を振り返ってみると、ふと反省すべき点や改善すべき点を思いついたりする。

日本人は、「ふと……思う」という表現を、よく使う。大抵の場合、その思いがどこからきたか不明のときに使うようだ。ふと入ってくる思いは、強くはないが、頭の上の方から入ってくる天からのタイムリーなメッセージである確率が高い。「ふと」思いついて、誰かを殺してやろうと決断する人などいないだろう。ネガティブな行動は、燃えるような強い怒りなどから発生し、いいアイデアなどは、この「ふと」という思いが教えてくれるような気がする。

読者の方は、ペンダントを使って人の性格や物の性質を読み取るフーチ、または、ダウジング（※）をご存知だろうか。私はダウジングを、この牛乳はちょっと古いが飲んでも大丈夫だろうか、などという疑問があるときに使う。ペンダントが右に動けば、飲んでも大丈夫、左なら腐っているという意味になる。添加物の多い食べ物などは、左にグルグル回るので、お試しあれ。宝石が偽物かどうか判断するときなどにも使える。

それにしても、なぜ、ペンダントは動くのか。単純に言えば、私の「この牛乳、大丈夫?」という質問を受けてペンダントが答えているから動く。質問がなければ動かない。これは、特に霊現象というわけでもなく、霊的能力を必要とするわけでもないが、ダウジングとは、私たちの思いや言葉が、物を動かすという事実を証明している。だから当然、ネガティブな思いや言葉は、物事を悪い方に運んでしまう結果となる。

私は読経して一日をスタートさせる。これが、私自身の聖域を固める儀式だ。読経をしっかりした日とそれを怠った日とは雲泥の差が出るという事実を、私はこの何年間の自分なりの研究で知った。読経を二時間した日などは、周りの人がとても優しくなり、私はシドニー市のある駅で、一度閉じた電車のドアを開けてもらった経験もある。私が階段を早足で下りてくるのを見た乗務員が、再びドアを開けてくれた。これは、智慧のぎっしりつまったお経を読んだため、私のまわりの空気が右に動いた結果だ。

すでに多くの人々が奨励しているように、言葉と念と行いは一致させた方がいい。念は本人の理性の許可なしで飛んでいき、口は勝手にすべり、体の細胞は脳を置いてきぼりにして一足速く動くことでも分かるように、それぞれは独立した器官であるといえる。この独立した器官を統一せずにばらばらな方向に行かせると、体と心にゆがみが生じ、さらにほっておくと、まさに言葉と念と行いは、てんでばらばら状態に陥る。言葉は良くても、念と行動は魔に食われている人も大勢いる。

この三つを統一するには、まず一度口にしたことは小さな約束事でも必ず実行する、できそうにないことを安請け合いしないなど、小さいところから地道に注意していくしかない。気の進まないことをしなくてはいけないときは、まず原因を自分の心に聞いてみた方がいい。

魔を頑として受け入れないという態度をとったときに、魔は頼もしいあなたを尊敬して降伏してくる。魔が降伏すると、私たちは間違いなく幸福になれる。

魔が入れる間をつくらないためには、自分に起きてほしくない事柄については、極力口に出さないことをお勧めしたい。私は、去年の夏ひどい目に遭った。ある計画に気が乗らず、約束をしていたのにもかかわらず携帯のメールで、「少し夏バテ気味で体調をくずしています。夏は苦手です」という言い訳をして約束をキャンセルした。すると数日後には、顔中にひどい湿疹が出て、日光アレルギーではないかとお医者さんに言われた。嘘《うそ》が真《まこと》となり、私は、本当に夏が苦手な現実をつくった。

読者の方も、間違っても言い訳のために自分自身や自分の家族を病気にしない方がいい。「お金がないから」もやめた方がいい。何かを断るのにお金がないと自分の経済状況を言う必要はまったくない。なぜか私たちは、言い訳をするときに余計なことまで言ってしまうおかしな性質を持っている。私も、言い訳のために別に自分が体調を崩していると嘘を言う必要はなかった。ただ「気が乗りません、申し訳ありません」だけでも十分、相手は納得できたはずだったのに。

私はこの夏の経験から、自分に起きてほしいことはどんどん「口にする」「書く」「思う」ようにして、逆に自分に起きてほしくないことは「口にしない」「書かない」「思わない」と決めた。

※ダウジング：振り子によって鉱脈や地下水を見つける方法。占いにも用いられる。ニュージーランドなどでは、警察が、行方不明の人の捜索などに、ダウジングができる人を起用する場合もある。

5．夢や目的の邪魔をしているのは自分自身の煩悩（魔）である

さて、さらに魔については重要なポイントなので、私の解釈ではあるが、説明しておきたい。人間の心には他人の不幸を楽しむ野次馬《やじ》根性は必ず存在している。芸能ニュースなどは人間の野次馬根性を完璧なまでにマーケテングしている。私にも野次馬根性はある。そして、そのような心の状態に自分を合わせると、魔が思いとなって現れる。

もし他人の不幸を喜んでいる自分を発見したならば、「これは魔の仕業、私自身じゃない」と面と向かって魔を否定するといい。心の中でそう自分に言い聞かせるだけで、魔の力は見る見るうちにしぼんでいく。この作業をしないでおくと、そのうち全思考を魔に乗っ取られていく。

次に、魔に乗っ取られている人たちの例をあげてみよう。

数年前、オーストラリアのテレビ番組が、あるヨーロッパの裕福な国の人々の生活を特集した。その国のある男性は「今、多くの国が環境や経済に不安を感じているが、わが国

は経済も問題ないし、地震も水害もない。ギリシャのような失業の問題もない。これは、私たちの努力のたまものだよ」と自慢げに笑いながら話していた。

私は、この男性の発言に、他の国の人の不幸なんてどうでもいいという気持ちを感じ取らずにはいられなかった。このような発言を、災害などの被害に遭った人が聞いたらどう感じるだろう。それでは、被害に遭った人々は努力をしていなかったのだろうか。石原慎太郎氏の「3・11地震は天罰」発言もデリカシーがなさ過ぎる。この人にこそ、そのうち天罰が下るだろう。

ある日本の雑誌に、アフリカなどで国際協力事業などに携わっている日本人女性の書いた記事にひどいものがあった。その女性の衣類を洗濯してくれる人が、その女性がうっかり衣類に入れ忘れたお札を、黙っていればいいものを、馬鹿丁寧に返してきたという文章があってびっくりした。丁寧に馬鹿はつけなくてもいいし、黙っていればいいとはどう考えても失礼だ。また、子どもたちの食べ物の奪い合いを見てぞっとしたとも書いている。この文章を見てぞっとしたのは私の方だ。

いつもたらふく食べている私たちに、食べ物が常に不足している状態の人の気持ちなんて分かるわけがない。断食やダイエットは、次に食べられる見込みがあるからこそできる。さらに、民度が低いから貧しいままなのでは……という発言も出てくる。それでは、日本人は砂漠の中でも今のような繁栄を可能にできたのだろうか。

傲慢な心には必ずしっぺ返しがある。しっぺ返しが怖いのは、そのまま返しが戻ってくるのではなく七倍であるという点だ（この「七倍」については後ほど説明する）。二〇一四年、日本やアメリカは寒波に見舞われ、農作物にも影響があっただろう。食料の大部分を輸入に頼る日本を、食料危機が襲う可能性は高い。かつて日本は自給自足のできる国だったが、もし「自国だけでも大変で日本に食料を輸出しません」と、輸入国から宣言されたら、日本はどうするのだろう。ちなみに、オーストラリアの自給率は三〇〇％以上だ。

前述の日本女性の行動は確かに立派だ。しかし、この女性は優越感に浸りながら活動しているようだ。優越感がなければ、このような発言はできない。文面から感じ取ると、彼女は自分が良いことをしていると信じきっている。そして、彼女が書いた文章がバッシングにもあわず平気で出版されている日本の将来に、私は不安を感じた。優越感を抱きながら人助けをすれば、人の不幸を喜んでいることと同じになる。人の不幸をうれしく思う気持ちが魔の正体だ。

似たような例で、子どもたちがご飯を残すと「アフリカの飢餓に苦しんでいる子どもたちを思い浮かべなさい、だから感謝しないとね」と言う大人が多い。私も何の疑問も持たずそのような発言をしていたが、最近その発言や考え方は理にかなっていないと気づいた。

自分よりも物質的に恵まれていない人たちと比較した結果から発生する感謝の気持ちは、どこかゆがんでいる。日本の3・11地震があったとき、「オーストラリアは、あんな地震がなくてラッキーだ。感謝しなくては……」と、多くの人たちが言ったのを私は聞いた。他の人や国に起きた災害などが、自分や自国には起きなかったら、それはラッキーなことなのだろうか。まさにそれは人の不幸の上に成り立つ幸福感と言える。幸福感とは本来、もっと違うことで感じるものではないか。

私は最近、友人から『野心のすすめ』（林真理子著・講談社現代新書）を頂いたので読んでみた。本を手にとった瞬間気が進まない感じがしたが、せっかく頂いたので「来るものは拒まず」の精神で読んでみて、さらにいやな予感がした。このような本がもてはやされているのなら、日本は国難に遭うかもしれない。この本を読んで、私は著者が団地住まいの方や、エコノミーの座席を利用する人を馬鹿にしているのだと感じた。団地住まいの人だって、エコノミーを利用する人だって、日々を一生懸命生きている。私だってエコノミーしか利用しないし、アパート暮らしだが、きちんとした目的意識を持っている。この本のタイトルは、「野心のすすめ」より「エゴのすすめ」が妥当だ。ネットでこの本の反響を調べてみると、批判している人もいると知って多少ほっとし、それなら国難は免れるかもしれないと思った。

「本が人」であると、私はどこかで聞いたかまたは読んだことがある。図書館や本屋さんに行くとおもしろい現象が起きる。自分に縁のある本はすぐ目にとまる。何秒とかからない。私たちが誰かの視線を感じるとすぐ気がつくように、縁のある本も私に視線を向けてくる。反対に、書き手が傲慢の場合は手に触れるとピキピキ（？）とした感じがある。表紙を見た瞬間から、「ああ、これはだめだ」と感じるときもある。

人は成功すると傲慢になってしまう場合が多い。失敗は成功のもとだが、成功は、むしろ大失敗、それも取り返しのつかないほどの大失敗のもととなる可能性が高い。成功は失敗の何十倍も怖い。成功は、次の目的のための踏み台でしかない。踏み台として利用せず傲慢になれば、すべてが白紙に戻るような出来事が起こる。

学歴を自慢している人は、学位は最終目的ではなく本当の目的を果たすための一つのステップ、始まりでしかないということを理解した方がいい。日本の政治家でも、政治家になったことが最終目的になっている人が多いが、政治家になったことは政治家として偉業を成すためのはじめのステップでしかあり得ない。失言が多過ぎた某・東京都知事などは、この辺を勘違いしていたと思うが、傲慢な政治家を許している私たちにも問題がある。

現在の世界のあり方がエゴをどんどん太らせている。一つ例をあげると飛行機の座席だ。多くお金を払える人がもっとスペースをもらえる。そのせいでエコノミークラスの人は足を折り曲げて座らなくてはいけない。エコノミー症候群の一番の治療法は、ファースト、ビジネスクラスをなくすことに決まっている。エコノミー症候群などと変な名前をつけて治療法を考えている暇があるのなら、早くこのことに気づけばいいのにと思う。

エコノミーはカタカナだから見事にカモフラージュしているが、エコノミー症候群とは、はっきり言えば「エコノミークラスしか買えない人がかかる貧乏病」という意味になる。

エコノミー症候群の予防のための機内運動のお慰みビデオを見るたびに、私はしらけた気分になる。

私は、初めて飛行機に乗ったとき、うっかりとファーストクラスの人と並んでしまった。私のエコノミーの搭乗券を見たときの冷たいスタッフの対応を忘れることはできない。「お客様は、まだご搭乗になれません」

言い方は丁寧だが、冷たい言葉だった。先に搭乗することに優越感を感じる人も、また先に搭乗させたら喜ぶだろうと思う飛行機会社の心理は幼稚だ。飛行機の最初の入り口は一つだが、どうせ後で二つに分かれている。フライトの出発時間は同じなのだし、われ先と争う行儀の悪い乗客もいないのだから、クラスに関係なく同時に搭乗しても不都合はないはずだ。

さらに、ファーストクラスに乗るとキャビン・アテンダンドは名前で呼んでくれる。ファーストクラスの人は人間扱いされているのに対して、エコノミークラスの人は、せいぜい1のAとかBとか座席番号で記憶されているだけだ。ファーストクラスやビジネスクラスとエコノミーの間にカーテンをひく理由は一体なんだろうか。理由は二つあると思う。

一つは単純にビジネス以上の乗客を「お客様はエコノミーの方とは違います」と満足させるため。もう一つはビジネス以上は機内食も豪華なので、それをエコノミーの乗客にお見せするのは申し訳ないというお慰みの気持ちからだと思う。このようなセコいお慰みほど気味の悪いものはない。

私は飛行機に乗るたび、国際線の飛行機とは、私たちの世界のミニチュアのようだと思う。しかし、私は飛行機会社だけを批判するつもりもない。ビジネスとは実にうまく私たちの心理をつかんでいるからだ。私たちが変わらなければ社会も変わらない。少人数だけ満足させるレベルでは、せいぜい魔が力を貸してくれるだけで終わる。人々の優越感をいたずらにあおるようなビジネスには魔がごっそりと取り憑くので、必ず行き詰まるときが来る。このような餌にまんまと引っかかっているのが、「野心のすすめ」を支持している人たちであり、また逆に言えば、このような人たちが多数派である限り、飛行機会社も方針を変えることはないだろう。

私たちは、数多くの願い事や切ない思いなどを胸に抱きながら生きている。しかし、精神的に成長していくうちに、最終的には自分の夢や目的の邪魔をしているのは、何を隠そう、自分自身の煩悩（魔）であると気づくようになる。私自身も今、最終的な自分の煩悩との戦いの段階に入っている。

第5章

頭上の七つの穴はチャクラの縮小図である

1.「蜘蛛の糸」の本当の題名は「雲の意図」だった⁉

私たちはすべてが順調であるときに、何か順調ではない出来事が起きるのではないかとふと不安に陥ったりする。まるで順調であることに罪悪感でも感じているかのように、または幸せでいる権利がないかのように……。よく自分の心を監視してみると、確かに幸せになりたくない自分も存在している。特に不幸が続いた場合、幸福なことが起きてもまた疑ってしまう不幸癖から抜け切れない場合がある。

自分に対してもこうであれば、他人に対してはもっとだろう。芥川龍之介は、「鼻」(『羅生門・鼻』新潮文庫)で「人間の心には互いに矛盾した二つの感情がある。勿論、誰でも他人の不幸に同情する。ところがその人がその不幸を、どうにか切り抜ける事が出来ると、今度はこっちで何となく物足りないような心もちがする。少し誇張して云えば、もう一度その人を、同じ不幸に陥れて見たいような気にさえなる。……」と書いている。

そして、この「鼻」では、このような人間の気持ちを最終的には受け止めた形で話は終わる。「羅生門」にしても飢死寸前の人が同じく餓死寸前の人の着物を剥ぎとって逃げていくところで終わる。

この二つの小説では、「魔」が勝利しているのだが、私には作者が「人間とはこういうものです。だから独善的になっても仕方ありません、諦めましょう」と言っているようには思えない。むしろ、さて、このような人間の心理をどうすべきか、どう改善できるかと全人類に問いかけているように感じた。

同じく芥川龍之介の「蜘蛛の糸」では、人間は身勝手をするとこういう目に遭いますと、むしろ結論まで出している。「蜘蛛の糸」という題名は、本当は「雲の意図」つまり「天の意図」であったかもしれない。それを芥川龍之介は、ユーモアといたずら心をもって雲を蜘蛛にしてしまい、ついでながら意図も糸にしてしまい「蜘蛛の糸」にしたのではないかと、私は「蜘蛛の糸」を読んで感じた。

話の内容からしてどう考えても題名は「雲の意図」または「天の意図」の方がふさわしい。蜘蛛の糸は人間の手に触れただけでも壊れてしまうものではあり、物理的にも蜘蛛の糸につかまって上ることはできない。「手で触れただけでも壊れてしまう蜘蛛の糸とは、人間の善の気持ちを表したものです。善の気持ちを貫くことの難しさを、蜘蛛の糸に喩えてみたのです、もともと善からの誘いの声よりも、悪からの誘いの声の方がちょっとだけ人には大きく聞こえるようになっているのです……」と、芥川龍之介が言ったような気がした。

「他人の不幸は蜜の味」的な人間の心理は、あまりにも自然に受け止められ過ぎてきた。私たちは、この心理を本当は抹消できる。このような思いを抹消しない限り、私たちは永遠に六道輪廻を繰り返し、もっと上の次元へはいけない。

この心理の抹消方法とは、まず罪悪感を感じないようにすればいい。もちろんすでに自分が言ってしまったこと、やってしまったことに対しては、それが悪いことなら大いに罪悪感を持って反省すべきだ。いくら魔がさしたとしても、自分の行動に出てしまったならば自分の責任であり、魔のせいだけにはすでにできないからだ。「いやだな。こんなひどいことを思う私は汚れている」と罪悪感を覚えたときから、その思いはあなたの所有物となり、魔の受け入れが完了する。言い換えれば、魔の乗っ取りが完了する。

あまり神経質になる必要もないが、自分の心は常に見張っておく必要がある。習慣になれば案外簡単にできる。このような地道な作業を繰り返し行うしか、私たちは遺伝子を書き換える方法がない。

また、反省はどんどんすべきだが、後悔はしない方がいい。後悔をするといつまでも同じ場所に留まっていて先に進めない。反省と後悔、謙虚と謙遜は、どことなく似ている言葉だが、大きな違いがある。後悔や謙遜は私たちの進化を遅らせる働きを持っている。

二〇一四年に相次いだ飛行機事故。ネット上で「相次ぐ飛行機事故だけど、日本人が被害に遭っていないのは幸いだと思う」というコメントを見かけた。このようなコメントを批判すれば間違いなく偽善だと言われる。しかし、私たちはこのような思いから卒業する努力をするべきではないかと思っている。

遺伝子を書き換えるために、日本人が考え出した良い方法がある。それは、ありがとうを呪文のように唱え続けるということだ。私も料理と掃除をしているときはありがとうと、ずっと心の中で繰り返す習慣を持っている。つまり一日数時間は、ありがとうを繰り返す。

理由は、前述の台所にいる未浄化霊のエイミーが、隙あらば私の思考に入ろうと試みるからだ。彼女の邪魔を完全にブロックするために、私はありがとうと心の中で言いながら、お料理をする。するとありがとうを何百回きかせた栄養たっぷりのお料理が出来上がる。

すべては私が邪険に扱っているエイミーのおかげだ。台所に未浄化霊が存在していなかったら、私はありがとうを繰り返す習慣をつくらなかった。エイミーがいつか成仏した際には、私にありがとうを唱え続けさせた大きな功徳をもらえるだろう。彼女がすっかり改心してカルマの支払いを済ませるまで、功徳はお預けとなるが。

ありがとうを言い続ければ、確かに愚痴が少なくなるのが自分でも分かる。最低でも半年、通勤の間、お風呂に入っている間、掃除をする間、お料理をする間など、ありがとうを言い続ければ、愚痴体質から感謝できる体質へと変わっていく。これは六道輪廻から抜け出す一つの方法でもある。この方法が顕著に効果を現すのは一年たったときぐらいからだ。

仏教で言う六道とは、人間の感情を表しているもので、下から地獄界、餓鬼界、畜生界、修羅界、人間界、天界を示す。例えば怒りとは、最下位の地獄界に属する感情で、最もコントロールがききにくい感情だと言える。そして六道の上には、声聞界、縁覚界、菩薩界、仏界がある。私たちの十本の指はこの十界を示しているそうで、十本の指を合わせて祈るとき、ばらばらな十の世界が一つとなる。

本来十の世界を一つにできる力を持ちあわせている私たちは、誰でも六道を抜けられる可能性を持っている。この十の世界を貫いているものをアイデンティティーと呼んでもいいのかもしれない。例えば十界を、ばらばらに存在する十個のリングとして想像し、それぞれのリングを一本の棒で通してまとめる作業が、手を合わせて祈ることになる。合掌し祈る行為が尊いのは、十の世界をまとめることができるからで、亡くなった方にも大抵の場合手を組ませるのは、このような意味があるからではないか。怒りが収まらないようなときは、手を合わせてみるだけでも心が落ち着いてくるので、読者の方もお試しあれ。キリスト教徒がする手の合わせ方にも同じ効果がある。

また、十界を統一させるには、繰り返しにはなるが、言葉と心と行動を一致させることが重要となる。ライバル心をメラメラと燃やして心を修羅界に置きながら、「助け合って仲良くしましょうね」なんて優しい笑顔で天界の言葉を使い、実際競争となると「自分だけがよければいい」という畜生界に行動を委ねたりするのは止めた方がいい。自分でどれが本当の自分だか分からなくなるために、神としても導きようがなくなってしまい、これなら地獄なら地獄で統一した方が、本人はまだ楽かもしれない。

また、私たちは、いつも六道にだけ迷い込んでいるわけではない。実は、いつなんどきでも六道より上の世界のドアは用意されている。前述のように、罪悪感を感じないようにするとか、ありがとうを唱えたり祈りの時間をつくると、自然と声聞界以上のドアが開くようになり、十界を客観的に見ている崇高な自分を発見できる。この十界については、ネットでも簡単に詳しく調べることもできる。

自分が修羅界以下の感情を持っているときは早期発見が大切で、まず自分の感情がどこの世界に属しているかを正しく把握した方がいい。そうしないと、知らぬ間に修羅界以下の浮遊霊に取り囲まれる結果となる。悪い人たちが固まるのが好きなように、浮遊霊も仲間を随時募集している。リングの例でも説明したように、彼らは彼らの感情を貫く軸を失っているため、不安で不安で仕方がない。修羅以下の世界のリングに入り込んでしまうと、半永久的にその境涯から出てこれない場合もある。リングはいくら丁寧に一つ一つ積み上げたとしても、軸がなければちょっとの刺激でたちまちばらばらになってしまうもろさがある。

今説明した六道の中に、天界が含まれているのを不思議に思う方もいるかもしれない。天界は、天国で、ゴールではないか。それなら別に六道に収まったままでもいいではないか、と思う人はいるかもしれないが、天界はゴールではない。素晴らしい成功を収めた人は、そのあと地獄へ転がり落ちるときが多い。特に若くして名声を獲得した人たちの後半の人生が悲惨な場合が多い。成功を収めてもなお謙虚に精神的に進化ができて初めて六道よりも上の世界に上昇できる。

せっかく天界に至っても、慢心のため次の瞬間地獄行きの人も多くいる。天界のすぐ上の世界は声聞というが、これは文字通り声を聞く、または声を「正」や「精」、「聖」と置き換えて、高次元のメッセージに耳を傾けるという意味だ。天界の幸福は、揺るぎないものではなくもろさを持っていて、天界に達した人は、これでいいと満足して傲慢になるか、聖の声を聞くかによって六道に戻るか否かに分かれる。

私たちが、なぜ、閉じる選択のある目と口を持っているかといえば、「口は災いのもと」と言われるように、時と場合では閉じておいた方がいいからで、目も「片目をつぶる」など全部見ない方がいい状況のときもあるからだ。閉じる選択さえない耳や鼻は、当然のことなからいつ何時でも閉じてはいけないからそのように出来ている。耳で聞くことが、六道よりも上に進めるか否かの鍵を持っている。

2. 「自分」とは「分け合う自分」と「分ける自分」の二つの意味がある

これは私の勝手な解釈だが、「自分」とは自を分けると書くので、二つの意味にとれる。一つは「自分を他人と分け合う」で、もう一つは区別するの意味で「自分と他人を分ける」。つい最近、私は「自分を分け合う」という意味が、よく分かった出来事を経験した。

二〇一三年に帰国した際、私の乗った飛行機が着陸一時間前に、悪天候のために大揺れに揺れた。至る所で悲鳴もあがり、吐く人も出た。知らぬが仏とは、まさにこのことだが、幸い子どもたちはジェット・コースターにでも乗っていたように楽しんでいたそうだ。私は子どもたちと並んだ座席をとれなかったが、通路を挟んで隣に座っていた。こんなに揺れた飛行機は初めてだったので恐怖に陥ったが、私が怖がるとせっかく怖がっていない子どもまで怖がらせる羽目となるので、無理して平静を装っていた。
今まで死は怖くないと思っていたが、改めて死は怖いものだと思い直した。特に、墜落死とは恐ろしい。理由は、瞬間に起こるような車の事故と違い、船の事故と同じように死に至るまで時間がかかる。空中爆発しない限りは墜落までの時間が長い。

このような恐怖にかられながら、ふと隣を見ると、私よりはるかに大変そうにしている女性がいた。その女性の顔は、蒼白でエチケット袋を口に当てていた。私はとっさに気を紛らわしてあげた方がいいと思い、「よかったら、キャンディーをどうぞ、気が紛れますよ」とバッグから子どものために買っておいたキャンディーを取り出して、女性に差し出した。女性は素直に受け取り、キャンディーを口に入れた。また「吐きたかったら、吐いても大丈夫」と言って、女性の服が汚れないように、私の分の毛布も余分に彼女の膝にかけた。そして「私には多少霊感があるので分かるのですが、この飛行機は、絶対に落ちないから大丈夫です」と言った。はったりだが、これくらいしか説得の言葉が思い浮かばなかった。実際のところ、本当に飛行機は落ちないという確信は持てなかったし、今考えてみれば、あの大揺れの中、キャンディーを勧めること自体危ない行為だった。揺れた瞬間飲み込んでしまう可能性があったからだ。

しかし、ここまでくると、不思議な変化が私の心に起きた。飛行機は相変わらず大揺れだ。それなのに、私はさっきまで感じていた恐怖心を全くといっていいほど感じなくなっていた。人を助けると自分も助かるって、こういう仕組みだったのかと納得がいった。人を助けて、自分も助けてもらったことは過去にもあったが、常に時差があり、このように瞬時に結果が現れたのは初めてだった。

人に親切にするときには、自分に戻ってくるからという下心が多少はあってもいいと、私は思っている。人にしたことは、自分にしたことであるという事実を、より一層深いレベルで学べるようになるからだ。ただ、優越感を抱きながら親切をする場合は、自分の心を自分で監視する習慣をつくった方がいい。

「自分を他人と分け合う」と「自分と他人を分ける」のどちらの自分の方が得をするだろうか。前者に傾けは、いいことずくめの人生が始まる。なぜかと言えば、人に分け合えるだけの要素を無限に宇宙から引き出せるようになるからだ。後者に傾けば、自分は得していると錯角するかもしれないが、実はどんどん自分が削られていく。人に与えられないケチは、もらいも少ない。「分けあう自分」と「分ける自分」、この二つは誰の心の中にも存在する。

私には、本が喋りかけてくることが今までに数回あった。一度目はニール・ドナルド・ウォルシュ著の『神との対話』（サンマーク出版）だ。私は、『神との対話』を同僚から借りて一カ月ぐらいは、寝室のたんすの上に一頁も読まず放置していたが、そのうちたんすの前を横切るたびに、本が「読め、読め」とテレパシーで命令してきた。あまりにもうるさいので私は本を開いた。一〇〇％同意はできないところもあったが、素晴らしい本だった。同意できなかった点は、ヒットラーが天国にいったというところだが、別の解釈をすれば、ヒットラーは修羅界よりも下の世界にいて、彼にとってはそれが天国なのかもしれないと思った。地獄だって人によっては天国にもなりうる。

『神との対話』の次に話しかけてきた本は、亡くなられた小林正観氏の本だった。本はテレパシーで次のようなことを言った。テレパシーで受けたものを文章にしてみると、次のような内容になる。

「仏教は、大乗経と小乗経に分かれる。大乗経を支持する側から見れば、一人で悟りを得る小乗経を自分勝手と見る。しかしよく考えてみれば、大乗経でも一人の人間即全宇宙と説いているゆえに、一人で悟りを得られない。一人が悟れば、必然的に周りの人々に良い影響を与えるからだ。つまりそれは自分勝手ではなくなる。

一人山奥に籠り悟っているように見える仙人は、かなりの精神レベルでも本当の意味の悟りの境涯に達してはいない。そして小乗経を支持する側からみれば、大乗経は自分もできていないくせに、人を救おうとするなんて偽善的で矛盾しているように見える。

しかし、それでも自分を後回しにしてまで他人に尽くしているうちに、いつの間にか自分も救われるというのが大乗経だ」

生前、小林氏は大乗経に対して批判的であったようなので、その点について氏は、後悔しているようだった。私は、揺れる飛行機で隣の女性を助けて自分も助かったときに、小林氏のメッセージの最後の部分、「……自分を後回しにしてまで他人に尽くしているうちに、いつの間にか救われる」を思い出した。

3. 私たちが生きるにあたってカルマは七倍になって戻ってくる

それでは、一番厄介なカルマについて説明したいと思う。自分の思考や念、言葉と行動は七倍になって戻ってくる。自分のした意地悪も親切も七倍になって戻ってくる（七倍については後ほど詳しく説明）。

私は、オーストラリアが植民地化された時代に、殺人を犯して獄死しその後自分の生きた人生の約七倍の月日を幽界でさまよっていた男の人の霊を知っている。死後さまよった期間は、こちらの時間に換算するとおよそ二百年くらいだ。普通、殺人を犯したら懲役十年から二十年、または無期懲役になる。しかし、魂の懲役はそれどころではない。不思議なのは、その男性の霊を観察してみると、彼は強制的にそこに置かれているのではなく、自発的に罪を償っているように見えた。彼の名はマックスといい、私の寝室を住居としていた。私が彼の独房を寝室にしていたと言った方が妥当かもしれないが。彼は、霊なのに顔はすすけて何年も入浴していないのが分かるほどで、服もぼろぼろであった。ある夜、ふと何かの存在を感じて目を覚ましたら、寝室に浮かんでいるマックスが、「ここは俺の場所だ」と言わんばかりに、私を上から睨んでいたことがあった。幽霊には多く遭遇したことがあるが、堂々と視線を合わせ睨みをきかせる幽霊はこのマックスが初めてだった。

殺人やいじめの加害者は、人を傷つけることによって「自分に影響力がある」という事実を証明したい、命の証を得たいと思っている。罪を犯した場合、現世より死後の方がもっとつらい。現世の苦しみに対してなら死をもって終わると希望があるが、死後の苦しみには、いつ終わるかという見込みさえない恐ろしさがある。

私たちの人生には、七つの必須科目が課されているから、カルマは七倍になって戻ってくる。私たちの体には、チャクラ（サンスクリット語）という七つのエネルギーセンターがある。チャクラとは、円または車輪という意味だ。

七つのそれぞれの役割は次のとおりだ。

第一のチャクラは腎臓のあたりで、愛を信じることに関わる。第二は膀胱のあたりで、自分の価値。第三は肝臓、人間関係。第四は心臓、無条件の愛。第五はのど、コミュニケーション。第六は額、知性と直感。第七は頭上、悟りを得ること（『Empower Your Life With Reiki』リチャード・エリス著・Quarto Publishing 参考）。

右にあげた体の部分に不調が出た場合、お医者さんに診てもらうと同時に、その部分の示している人生の課題を自分がクリアしているかを考えてみてもいいかもしれない。

チャクラは循環する。一番天辺のチャクラに到着するのが、四十九歳だ。四十九歳が悟りを得られるはずの年齢だ。四十九歳といえば、努力が報われて社会的にそれなりの地位が得られる時期といえる。それに伴って経済的にも恵まれる人もいるだろう。また同時に傲慢となり奈落の底へ突き落とされる人も多い。成功なら努力をすれば誰でもできる。ただ、成功した後に（成功を）維持することは、よほどの哲学を持っていない限り難しい。

チャクラと照らし合わせると、体のどの部分が病気になったかで精神面の課題が分かるようになっている。チャクラについての本はたくさん出ているので、ご存じない方は、もっと詳しく調べてみることをお勧めしたい。ネットでも詳しく検索できる。

病気になったらもちろん病院にいかなくてはいけないが、それと同時にチャクラと照らし合わせて、自分が今回の人生でどの精神的成長課題をクリアしていないのかを突き止めた方がいい。

私個人の例をあげれば、私は胃が弱い。チャクラの課題は人間関係であり、私は確かにその課題をまだクリアしていない。そして、その未解決の課題は大抵の場合、自分のカルマと深い関係がある。自分の未解決の精神面課題とカルマが解れば、自分の人生の問題の解決法は芋づる式に出てくる。まずは、紙に書き出したらいい。紙に書かず頭だけで考えると魔に毒されやすい。今までの自分の人生の中に起きた問題を書き並べていけば、必ず何らかの一貫性を見出せる。問題自体に一貫性がなくても、その問題は自分の弱点となる性格を鋭く突いているという事実を発見できるかもしれない。

仏教用語でも頭上の七穴（※）というのがあり、それぞれに前述のチャクラのように課題がある。私たち人間は、鈍感であるゆえに、自分のしたことが、たかが二倍や三倍で戻ってきてもなんとも感じない。だから、体に位置する七つのエネルギーセンターと、頭上の七穴のそれぞれが持っている人生の課題のすべての角度から悟らなくてはいけないようになっている。そして終了できた科目は、この世を去るときに財産として天に持ち帰る。生きている間に、罪を財に変えるシステムを、神は、私たちに与えてくれている。

※頭上の七穴：二つの目、二つの鼻腔、二つの耳、一つの口、頭上には、顔の皮膚を入れると、五感のすべてがあるので、七宝とも呼ばれる。

地球上すべての人が、カルマ・リレーという巧みに出来たゲームをしているのではないかと最近私は気づいた。私は、生涯と障害ではどちらが先に出来た言葉なのかと考えるときがある。カルマを背負って生きている私たちの生涯はまさに障害続きといえる。

私は、数年前自分の持っていたカルマを他の人にバトンタッチした。私がちょうど七年間抱いていたカルマを他の人に受け渡したのだ。そのバトンタッチは、驚くべきほどのタイミングで行われた。バトンタッチは、自分が被害を被ったと感じたときなどに知らないうちに行われている。

図5

私たちは生まれてくるときに、オレンジ色のボールみたいなものを抱いてくるようだ（図5参照）。このボールのようなものは、東北大地震が起きた前日に、読経中に仏壇の前に忽然と現れた。そのオレンジの断面図のような形をしたボールは、長い間、仏壇の前に浮いていた。

そのとき、これが人の魂の遺伝子に関係しているというインスピレーションを受け取った。確かに、頭上に七つの穴を持ち、七つのチャクラを持つ人間の縮小図のように見える。チャクラは七年ずつ循環する。自分の人生を七年ずつに分けると、見えてくる事柄がある。

一年は三百六十五日あると思った方がいいと書いたのだが、それは現在の時間をもっと引き延ばすためであり、過去を振り返るときは大きく区切った方が分かりやすい。一歳から七歳というように分けてもいいが、結婚してから七年、就職してから七年、なにか問題が起きてから七年というように分けてもいい。七年区切りで、必ず何らかの結果が出ているはずだ。

私たちの一週間が七日であるように、また仏教上でも、亡くなった方を供養するのに、七×七の四十九日を区切りとするように、七という数字は、私たちの生命のリズムそのものとも言える。海と陸、人間の体の肉と血の割合も、七と三だ。

また、七年という年月の中には、さらに、五、三という区切りがある。この区切りは、七年の中にある大切な節目となっている。日本語の中に、七という数字を使った言葉は多い。七転び八起き、七つ道具、七宝、七癖、七難、七不思議、七味、七光り、七福神、頭上の七穴、そして俳句や和歌にも七は使われる。

今話したオレンジ色のボールの七つの穴を財に変えることができれば、それを他の人に受け渡せる。七つの穴とは、前述の七つチャクラの必須科目も意味する。すべての角度からそれなりに自分のカルマを清算し、深いレベルでカルマを理解できるシステムになっている。またボールを受ける側は、穴が元に戻るのでそのボールに再度、自分で穴を財に変えなければいけない。逆に良いことをした場合も、七つの角度から良いことをした徳を感じるように出来ているため、七倍になって戻ってくる。

これで読者の方も、魔がどんなものであるか分かっていただいたと思う。まとめると、魔とは実にいろいろな側面を持っている。私がこのエッセイの中で例を出しただけでも、煩悩、カルマ、傲慢、無知、人の不幸を喜ぶ心などがある。人が悟ろうとするのを邪魔する力だ。

自分の心と家に聖域を持った方が良い理由は、聖域があると、今説明したカルマ・ボールに翻弄されずに済むからだ。聖域がないとボールに自分が乗って、しかもコントロールできない風船に乗ったような人生をいってしまい、私自身もこのような放浪の旅をしてきた。このような状態を仏教では無明という。自分の聖域をしっかり持っていれば、ボールを腕に抱える程度で自分の足で歩けるようになる。もちろん聖域を持ってもカルマからは誰も逃れられない。しかし、それを解決するための知恵などが豊富となる。これは東洋医学の理論に似ているかもしれない。病気に打ち勝てるだけの体力をつくりあげるのだ。

カルマ清算のための仏教の智慧を一つ紹介しておこう。自分のカルマは、発見した自分の犯した罪に対し十分反省もしたカルマも受けている。しかし、どうにか清算のスピードを上げられないか、というリクエストに対しての回答だ。仏教上では、親孝行が償いの鍵となっている。カルマの清算にどのくらいの時間を要するかは個人によって違うが、親孝行をすると清算できる日が早く訪れる。親がいない方は、お世話になった人でもいい。親孝行をすることは、一切衆生への恩返しまたは罪滅ぼしとなる。

親孝行は簡単にできるようで実は難しい。親が世話を必要とする時期は、自分自身も子育て奮闘中であったり、住宅ローンなどの経済的負担が大きい時期であったりするからだ。四十代、五十代は体力が落ちてくる割には、社会的、または家庭内でも責任が重くなる。

例えば、お金に余裕があるときならば、誰でも寄付はできる。しかし、余裕がないときこそ寄付できるならその方が価値が出る。親孝行も同じ原理だ。親孝行であった人の人生は、決して悪くはならない。親殺しが法律上でも最も重いように、その逆もいえる。親孝行には最も価値がある。

なぜ世間では「親孝行をしたいときには、親はなし」と言うのだろうか。私たちが、親孝行とは精神的、物質的に自分に余裕が出来た頃に初めてできるものだと理解しているため、このような諺を創ってしまったのではないか。親が子どもに世話をしてほしい時期とは、子ども自身も最も大変なときだったりする。そのとき十分な親孝行ができずにいると、さあ、今度は時間もお金も精神的余裕も出来たぞ！　というときになって親はすでにこの世にはいない。

私の亡き父は、二回ほど病気をした。一度目はパートナーの両親がマカオから来ていたときで、私は多忙を極めた。二度目もやはりちょうど多忙であったと同時に私自身の健康もすぐれないときに、父が病気で倒れた。私は、「なぜ、こんなときに？」と思った。しかし、「こんなとき」の親孝行だからこそ価値が出てくる。四十代、五十代は、人生の頑張り時と言える。

4．七つの穴にはチャクラの課題や仏教的な課題などを示されている

七つの穴（図5参照）は、それぞれ七つのチャクラの課題や仏教的な課題などを示したものと私は思っている。

そこで、私も次のように勝手に私なりの人生の七つの課題を並べてみた。すると、言葉は違うが、一つを除いてチャクラの課題とほぼ一致した。一致がなかったのは、5の「念と実現が同時に起きること、つまり時間の概念の理解」だ。今、念と現実が同時に起きたら、私たちはよほど言葉や念に気をつけるはずだ。「このやろー、地獄へ落ちろ！」なんて思った瞬間、自分が血の池に落ちたら大抵の人は驚きのあまり、次回からはもっと用心するだろう。

しかし、実際にこのようなことは長い目で見れば起きている。時差があるのと、私たちは、あまり自分の人生を振り返ってみないので忘れてしまっているだけだ。5の一致しなかったチャクラの課題はコミュニケーションだが、言葉や念に気をつけるという点においては、共通しているかもしれない。聖書の「初めに言葉ありき」のごとく、自分の発する

言葉すべてが物理化するという覚悟でいれば間違いはない。「噂をすれば、影とやら」は、言葉と物理化が同時であることを証明している。

1　アイデンティティーの確立

第一のチャクラ。愛を信じることにつながる＝守られている自覚、自分の聖域を持つこと

2　使命を見つけること

第二のチャクラ。自分の価値＝自分の使命

3　自分のカルマの理解とカルマの支払い

第三のチャクラ。人間関係＝カルマの支払いは、主に人間関係によって清算される

4　魔をよせつけない

第四のチャクラ。無条件の愛＝慈悲というフィルターを通し悪を浄化して、無条件の愛に近づく

5　時間の概念の理解

第五のチャクラ。コミュニケーション＝一致なし

6　念と言葉と行動の一致を実現する

第六のチャクラ。知性と直感＝このバランスは、念と言葉と行動の一致を助ける。これが一致していないと、心と体にゆがみである間が出来て、魔が入り込む

7　幸せを感じる。感謝ができる自分になる

第七のチャクラ。悟り＝どんなときにでも幸せを感じ感謝できれば、すでに悟りの境涯に入っているといえる

七つの科目を修了するのは、難しい。しかし、三女が見せていただいた神芝居なる紙芝居の透明なバリアをつくる場面（１１６頁の図４-②の中央のシーン）のように、自分の聖域を保つと、七つの科目は案外簡単にこなせる。

宗教もスピリチュアルもお嫌いの方は、「ありがとう」を呪文のように通勤時間でもお風呂に入っているときでも唱えれば、自分の聖域をつくれるし、スピリチュアルだが宗教はいやだという方は、自分オリジナルのジンクスを本尊にして聖域をつくり、すでに宗教をお持ちの方は、自分が洗脳されていないか、視野が狭くなってはいないか、人に価値観

を押し付けていないかなどの点を時々点検しながら、今までどおりにすればいい。

父が亡くなって四十九日が過ぎた後、次女は夢を見た。

「川か海のようなところにたくさんの小船が浮かんでいる。私は、その一つの船に他の家族のメンバーと共に乗っている。すると、大きな石の壁が目の前に現れて、いつの間にかそれは巨大なスクリーンと変化する。そのスクリーンにおじいちゃんが現れて何かを言う。次の瞬間、そのスクリーンは、おじいちゃんの人生を、生まれたとき、幼少の頃、青年期……と最後、息を引き取るときの様子と、きちんと区切られて上映された」

と話していた。

私は、この様子を次女に絵に描かせて、大切に保管している。次女が見たものは、本物だという気がする。自分の人生を、そんな大きなスクリーンで見なくてはいけないなんて、想像するだけでも恥ずかしい。私も、過ぎてしまった幼少の頃、青年期、などに関しては、もうどうすることもできない。ただ、たった今からでも、きちんと自分の使命を果たしていけば名誉挽回ができ、過去の汚点を輝くものにできる。青年期に恥ずかしいことをしても、最後がよければ「ほら、この汚点は必要だったのよ……へへへ……」と、頭をかきながらも言い訳ができる。この言い訳さえできなければ、まさに穴があったら入りたいという心境に陥るだろう。

第6章

これからの時代を担うことが日本の役割である

1. 日本人には世界を救うべく使命がある

「日本人と日本国の役割」と書くと、話が大きくなったような気がするが、私たち日本人は、一人残らず日本国の行く末に責任を負っている。カルマには種類がある。自分自身のカルマとご先祖様から引き継いだもの、そして自分が生まれた国の持つカルマだ。ご先祖様のものと国のものには、連帯責任的な性質があるが、あまり難しく考える必要もない。まず個人の使命を遂行する過程で、ご先祖様からのカルマと国のカルマの清算についてのヒントのひもときができるようになっているからだ。

本書の中で、私は同音語をずいぶん引用した。幸福と降伏、財と罪、魔と間、石と意思。例えば、石には病気を治す力がある。私も長年悩んだ湿疹を、クリスタルを使って治した。石は硬くて冷たい。肌の上に石をのせるとはじめのうちはひんやりするが、二、三分すれば肌に溶け込む感じがして、そのうち石と一体化してしまう。石がのっているという感覚さえなくなる。ストーン・ヒーリングについては、専門書がたくさんあるはずなので、そのような本を読んでみることもお勧めしたい。
石に病気を治す力があるならば、医師という言葉は、偶然に石と同じ音になったのではないだろう。日本人の潜在意識は、石に意思があり、医師としての役割もできる事実を知っていたのかもしれない。

日本語はきっと神の言葉で、その神の言葉を使う日本は神の国だと私は思っている。特に日本は、二度も被爆に遭っているからこそ、特別な使命を担っている国なのかもしれない。はじめは広島と長崎、二度目は福島。もし日本が、世界の平和をリードしていけるならば、そのときこそ日本国は敵、味方関係なく戦争で犠牲に遭った多くの方々に、本当のお詫びができる。日本に、世界中の国々とさっさと平和条約を結んでしまうような勇気のある首相が、ごく近い将来に現れたらいいなと私は願う。永世中立国より一歩進んだ永世平和国に、日本がなったらどんなに素晴らしいだろう。

日本は、精神面と物資面の両方において優れた国で、日本には宝がたくさんある。福島原発事故直後、放射能に対する恐れから、一時的に日本製品が避けられる現象が起きたとき、私は悲しかった。

台湾人の友人は、「商品に日本製と記されているだけで、保証書などなくても、それがそのまま保証書となる感じよね」と言った。確かにそのとおりで、どの商品を見ても日本製は優れている。そのようなお褒めの言葉を頂くたびに、私はまさに命がけで通勤する駆け込み乗車の日本人を思い浮かべる。


残念ながら今は全員オーストラリアを離れてしまったが、私には三人のインド人の友人がいた。私は三人の友人にバーモントカレー（中辛）を作ってあげたことがある。三人とも「どうしてこんなにおいしいの？」と目をまるくした。三人ともバーモントカレーのファンになった。三人中三人ともオーストラリア滞在中は、日本食品店でバーモントカレーを買うようになった。バーモントカレー（中辛）にトマトとヨーグルトを足すと本当においしいカレーが出来る。「インド人も買うカレー粉」を作れる日本ってすごいなと、私のオリジナルではないにしろ、誇りに思った。

それに、私は生まれたときから世界遺産を食べ続けてきたのだ。日本食が優れていると思うのは、一つの料理、カレーライスが、カレーうどん、かつカレー、カレーパンと自由自在に形を変えられることだ。てんぷらにしても、てんぷらから、天丼、そば、あんかけとアレンジできる。また、抹茶やあんこのアイス、たらこスパなども発明して、異国の食べ物を上手に取り入れてしまう。

私のパートナーは、もしかして私は料理上手だと思っているかもしれないが、実はなんてことはない。日本のマヨネーズやとんかつソースを使えば、サラダ類揚げ類などなんでもおいしくなるようになっている。また最近、オーストラリアに日本の１００円ショップの「ダイソー」がオープンした。現地の人たちは商品のユニークさに驚いた。テレビ局だって取材に来た。シドニーには最近ユニクロもオープンして、ものすごいフィーバーぶりで人気を集めている。

日本人は、いろいろな物や物事をきれいに整理して、余分なものは器用に取り除いてコンパクトにまとめる技術に長けている。俳句や和歌、日本庭園や盆栽、それとカップめんを発明したのも日本だ。このような能力はこれからの地球にどんどん必要とされる。

日本列島がコンパクトであったおかげで、日本人は狭く小さいスペースでも最大限に生かせる能力を培えた。狭い部屋でも紙で出来た障子やふすまを利用すると、圧迫感のない宇宙空間が出来上がる。このような技術は茶道にも生かされている。優れた日本の技術は、これからも平和的に利用されていくことを願う。

これからの時代は、影の部分にどんどん光が射すようにした方がいい。魔は光が苦手だからだ。ただ、海外の国の人たちは不思議に思っていることがある。それは、どうして日本は重要な事柄に対して「知らん振り」をするのかということだ。

教科書問題にしても放射能問題にしてもだ。私が沖縄戦について詳しく知ったのは、数年前に沖縄を訪れたときであったし、日本軍がしたことについては、パートナーの両親やミャンマーやシンガポールの友人に直接教えてもらった。日本人の私が海外の方々に教えていただく結果となった。彼らから得た情報は、自らの体験やまたは親から聞いたことなので、嘘ではないようだが捏造《ねつぞう》されていることもなきにはあらずということもありえる。近頃、影の部分を照らす光が強くなってきたため、嘘はどんどん暴かれ始めている。

最近『司馬遼太郎の「意外な歴史眼」』(福井雄三著・主婦の友インフォス情報社)を読んで驚いた。私は故・司馬氏の作品が好きなので、題名につられてその本を買ったのだが、まさか司馬氏の歴史観を批判する本とは思わなかった。はじめは疑いの気持ちをもちながら福井氏の訴えることを読んでいた。司馬氏は、思い込みが激しいなどと書かれていて、「思い込みが激しくなければ、本は書けないのでは？」なんて司馬氏をかばいながら読んでいくうちに、司馬氏の小説を愛することには変わりがないが、私はいつのまにか福井氏に共感を持っていく結果となった。

福井氏は、司馬氏の昭和の時代に対しての見方が日本人に劣等感をもたらしているという結論に達している。福井氏は、慰安婦問題について日本軍が強制連行はしていないということを書いていた。私は、強制連行されたものだと思い込んでいたので、強制連行された女性たちを「慰安婦」と呼ぶのはなんて失礼だと感じていた。慰安婦とは男性から見れば慰安旅行のような慰安かもしれないが、女性にとっては暴力なのに、なぜ男性本位で慰安婦なんて変な名称をつけるのか理解できないでいた。

しかし、強制連行でなかったかもしれないということも信じられるようになった。理由は後から詳しく述べるが、私が常々不思議に思っていた「捕鯨問題」と福井氏から見た「慰安婦問題」の問題点が、ある意味で符合してきたからだ。ぬれぎぬの可能性が高い。もちろん強制連行されていなくても、経済状況から売春をしなくてはならなかった女性たちに対しては、気の毒に思うのは確かであり、福井氏も強制連行についての問題が、いつの間にか女性たちがかわいそうだったという話にすり替えられてしまうと述べている。確かに、女性にとって、好きでもない相手と関係を持つのは不快この上ない。しかし、それでも強制連行をしていなかったのなら、事実はきちんと世界中に声を大にして伝えてほしい。

オーストラリア人ほぼ全員が、日本人が毎日のように鯨を食べていると思っているが、私は鯨の肉を日本のスーパーで見たこともない。これらの問題は、日本を叩くための材料とされているかもしれない。もしそれが本当なら、一体どういう理由から、日本は無実を世界に声を大にして立証しないのだろうか。

慰安婦問題、捕鯨問題、教科書問題は、海外に住んでいる日本人にとっては、頭の痛い問題だ。政治の話は日常茶飯事でいろいろな国の人とするから、きちんとした情報を知らないと非常に困る。ある意味で、私たちは民間外交官でもあるという点も考慮していただき、日本政府にはもっと正しい情報をもたらしてほしい。日本がはっきりしないので、バッシングの材料はいくらでも捏造されてしまう可能性がある。

ジャーナリストであり、アムステルダム大学名誉教授によって書かれた本、『日本を追い込む5つの罠』（カレル・ヴァン・ウォルフレン著・井上実訳・角川書店）の中に、「この国にはみずからの行動について説明責任を負う政治的中枢が欠けている」と書かれている。まさにそのとおりだ。

私の住んでいる町には、日本のレストラン、古本屋、スーパーが集まっている場所がある。その小さなリトル・ジャパンのような所に、慰安婦問題の解決を日本政府に促すための、慰安婦銅像が建てられる計画が舞い込んできた。各店は、来客に慰安婦銅像建立反対の署名運動を始めた。日本政府がきちんと説明責任を果たしていないために、このようなことは起きている。

私は、麻薬の運び屋に知らないうちに仕立てられてしまったりと、海外で犯罪に巻き込まれる日本人女性が気の毒でならない。危機感を持って日本に住んでいる日本人は少ない。私のように海外に住んでいる日本人と日本に住んでいる日本人の大きな違いは、前者が危機感を持っているという点だ。

私がオーストラリアの免税店に勤務していた時に、クレジットカードの署名欄にサインをせずに、そのままカードを使用している日本人の数に驚いた。「お客様、無用心ですので、すぐにサインをなされた方がよろしくはないでしょうか」と助言して、やっと「ああ、そうなんですか」とサインをする。

「日本人だから大丈夫」という安易で能天気な自信は、海外では危ない。今年、ＩＳに誘拐、殺害された日本人男性のお母様が、「日本は、七十年戦争をしていません」と涙ながらに訴えていたのを聞いた時、心から気の毒に思ったが、日本に住んでいる日本人的な発言だと感じた。「七十年戦争していない日本」という事実が、海外に出た日本国民全員を守ってくれるという保障にはなりえない。プラス思考は大切だが、「日本人だから、大丈夫、自分は大丈夫だ」と決めつける根拠はなんであるか、最低でもつかんでおく必要がある。

これほど無防備になれるほど安全な日本は素晴らしいが、お人好しを利用する側にとっては毒となる。政治の話に戻るが、日本国がぬれぎぬを着せられてもされるままとなっているのは、お人好しからなのか、それともめんどくさいからなのかが分からない。お人好しやら劣等感やらいろいろ交ざってこうなったのかもしれない。

また、政治問題は誰かがやってくれるだろう、と日本国民全員が思っているのかもしれない。都合の悪い事柄にはふたをしてしまう「臭いものにはふたを」という諺は、日本政府の「知らん振り」の心理をよく表している。慰安婦問題や教科書問題は、捕鯨問題よりもたしかに複雑だ。それでも面倒くさがらずにきちんとやってほしい。日本という国名は、「日の出づる処」という意味だという説を私は信じている。しかし、お得意の「知らん振り」を決め込む度に影が出来てしまい、世界中を照らせる日本になれない。

日本語には、アイデンティティーを否定する諺が多い。私が思いつくだけでも、「長い物には巻かれろ」「出る杭は打たれる」「くさい物にふたを」「寝た子を起こす」など。はじめの二つは、個性を出すことを戒め、もう二つは、「さわらぬ神にたたりなし」に似ている。面倒くさいことは知らん振りをするのが最善だと勧めている。これらの諺よりももっと最悪なのが、「後は野となれ山となれ」や「旅の恥はかき捨て」だ。日本国の知らん振り的政治は政治家だけの問題ではないとも言える。日本人が持つ特徴を、政治家は代表しているだけのものかもしれない。「知らぬが仏」は、もともと知らなければ苦しまなくて済むという意味だったと思うが、最近は、いつの間にか「無知が仏」という意味にすりかえられたような気がする。

一昔前「赤信号みんなで渡れば怖くない」という漫才ネタが日本人に受けた。私もそのギャグに大笑いした覚えがある。しかし、まじめにとってみると怖い台詞でもある。悪事もみんなですれば怖くないという意味にもとれるからだ。悪事に手を染める人は、どこの国でも共通だが、不安を隠すために集団となる。そして家族でも親戚でもない人を、「ブラザー」「姉さん」などとなれなれしく呼び合って、安心感を求める。逆に、良い力は別に集団化する必要がないので、時には悪い力に圧され気味になったりもする。「赤信号みんなで渡れば怖くない」に、なぜそんなに日本国民は笑ったのだろう。「全くそのとおり、それは日本人の性質であり言い訳の余地なし」と自嘲するしか他にすべがなかったからかもしれない。

日本人には、世界を救うべく使命があると多くの人々が言っている。私もその意見に賛成する。まず自信がない方は、『人類を幸せにする国・日本』(井沢元彦著・祥伝社)を読むといいかもしれない。井沢氏の本には日本が発明したものについて書かれている。日本人も知らない発明品がたくさん紹介されている。

2．国際的から宇宙的へ。日本がこれからの時代を担っていく

私は、地震地帯に位置している日本の原発のこと、東京直下型地震や富士山の噴火の可能性を心配している。多くの人が、その心と住居と行動範囲までもイヤシロチ化してしまえば、災害や人災などにびくともしなくなるのではないかと、私は大真面目に考えている。念や言葉で水の質を変えられるということが事実であれば、言葉や念で山一つぐらいどうでもなりそうだ。

現在、地球は大変な時期に突入してはいるが、全体的には、私たちは精神的成熟期に移行しているといえる。聖書でいうところのアルマゲドンは精神的成熟期が訪れなければ起こらない。言い換えれば、もうすぐ精神的成熟期に達している人々の数が十分になる時が

近い。善悪の問題をどう処理するかという人類に対する最後の問いかけが、アルマゲドンであると言える。

日本を例にとってみれば、江戸時代には藩制度があり、他の藩の人々と交流を持つことさえ難しかった。そして昭和前半や中期でもまだこのような傾向はあった。私の父は九州出身で、母は茨城県出身であったが、この時代、父と母の結婚は国際結婚なみだった。母は、両親に「どこの馬の骨であるか分からない男に、嫁にいかせるわけにはいかない」と反対された。結局、母は父と駆け落ちした。この時代、茨城県の人にとって、九州の人は、馬の骨でしかなかった。

しかし、孫が生まれて母の両親は母と和解した。母のちょっとした勇気のおかげで（すごい勇気だったかもしれないが）、父が馬の骨ではない事実を証明できた。差別や偏見というのは、このように一つ一つなくしていくしか方法はない。現代の日本は、この時代よりはだいぶ進歩はしている。わが国の次の課題は、もっと地球的な観点で世界を見れるようになることではないか。

日本に住んだ経験がある外国人たちが、口をそろえて「日本人の友人を得るのは、難しい」と言う。私の中国人の友人は、日本で百人の日本人を餃子の夕飯に招待したが、一人として彼女を招待してくれた人はいなかったと言っていた。私の元主人と、元上司であったユダヤ人女性は、「日本人は、ただ外人であるという物珍しさで近寄ってくるだけであり、個人としては見てくれない」と、全く同じことを言った。私は、そのような苦情を受ける度に、日本は単一民族国家だからと言い訳をしてきたが、現在日本もあらゆる面で多様化してきている中、その言い訳もだんだん使えなくなってきた。

また、日本は同性愛に関してもかなり立ち遅れている。オーストラリアでは、同性愛の方々が出国の際などに問題がないように、パスポートの性別欄に、男、女または、そのどちらでもないX（エックス）と記載できるようになったと聞いた。同性愛の方々は、きちんと社会に受け入れられている。多少差別は残っているかもしれないが、誰かがゲイだと聞いて驚いたり、噂話をしたり陰口を叩く人は少なくとも私のまわりには一人もいない。私は最近、オーストラリア某デパートの化粧品売り場でのアルバイトに応募した。応募はネットでするのだが、性別の欄が三箇所あった。男、女、もう一つはそのどちらとも言いたくない人というものであった。

地球よりも進化している生命体には性別がない可能性もあり、性別を乗り越えて恋をする人はかなり進化しているのかもしれない。これから先、ゲイはもっと増えていく傾向にあるような気がする。私は、ここオーストラリアで何人ものゲイの方と職場が一緒になった。彼らは人種差別をしない。十人中十人がそうだ。すでに窮屈な世間の枠を乗り越えているだけに、セコい人種差別などはしないのかもしれない。

私と今のパートナーの間には、パートナーと前妻の子どもと、私と元主人の子どもを入れると、合計五人の子どもがいるのだが、このうち一人ぐらいはゲイである可能性もあるかもしれないので、私とパートナーは、子どもたちに間違っても「孫の顔が見たい」とは言わないようにしようと決めた。もし誰かがゲイであった場合、このような発言にはプレッシャーがかかり過ぎるためだ。

日本が立ち遅れている例をあげれば、きりがない。それでも、日本ではセクハラという言葉も日常的に使われるようになり、法律上セクハラ自体も犯罪になり、かなりの進歩を遂げているのも確かだ。私が日本で働いていた時代はセクハラだらけだった。今の時代、まさかそうではないと信じたいが、東京都知事である立場の人間が、女性に対してひどい発言を堂々としているくらいなら、私が日本で働いていた時代から本当はあまり日本は進歩していないのかもしれない。

さて、性別、性的指向などの差別を乗り越えたなら、次に乗り越えるべき課題は、人種や宗教の壁を乗り越えることではないか。

ところで日本には、本当に移民を受け入れる場所がないのだろうか。オーストラリアは日本より確かに広いが、日本には経済的な豊かさがある。食べ物だって余って捨てている。飛行機の上から日本を見るとき、いくらでも開拓可能の土地があるように見えるし、狭い狭いといいながらも、日本中にぎっしりと隙間もなく人が詰まっているわけでもない。都市に人口が密集しているだけで、草がボウボウ状態の空き地は、日本全国至る所にある。

日本人は難民になった歴史がない。しかし万が一、日本列島が大地震に遭った場合、日本難民を、どこの国が受け入れてくれるのだろうか。自分たちは受け入れに消極的でありながら、さらに難民をいじめたりもしながら、いざとなったらどこかに受け入れてもらえると、ちゃっかりと思っているのだろうか。国際的から宇宙的に変化する世界に、日本は対応していく必要がある。

国際的という言葉に死語的ニュアンスを感じるようになったのは私だけだろうか。英語のインターナショナルもかなり古臭い。地球的や宇宙的という表現の方が、今の時代にぴったりのような気がする。霊的な話やＵＦＯの存在は信じられるが、地球以外の生命の話となると全く信じられない人は多い。しかしそれでは、誰がＵＦＯを操縦しているのだろうか。そろそろ私たちも宇宙の他の生命体と交流をする時代に入っていきている。

国防費に膨大なお金を費やし、国境の辺りでお互いに睨みをきかせているのは、地球ぐらいではないだろうか。これは大の大人がやっていることで、滑稽といえば滑稽だ。今、確かに国境がなくなれば、大きな混乱が起きる。本来、私たちは、自分の好きなところに住んでいいはずだが、大抵、どこの国の入管管理員も厳しい顔をしていて「ようこそ！わが国へ」なんて笑顔で迎えてくれることはまずない。

私の子どもたちが通っているシドニーの小学校は、実に多国籍だ。しかし、その父兄は、日本人同士、韓国人同士、インド人同士、オーストラリア人同士など人種同士で、固まって付き合っている。多国籍と言えば聞こえはいいが、ただ単に異文化が隣り合わせて存在しているだけのようだ。そういえば、どこの国へ行っても「日本人会」なるものがある。

その日本人会という会で、定期的な食事会やゴルフのコンペをしたりするわけだが、このような会は、本当は日本の文化を現地に紹介する文化祭やイベントだけに必要とされるだけで十分なのではないか。このような会に入会すると、結局日本人はこの会のお付き合いに忙しくなり過ぎて現地の人々と交流する暇がなくなる。それに、日本人同士だからといって絶対に気が合うわけでもないので、いつか無理も出てくる。そのような無理から発生する摩擦を避けるために、みな無難な話しかしない。主に、レストラン、グルメのこと、学校や子どものことなど。私も一度この日本人会なるものに入会したが、あまりにもつまらなかったため脱会した。

子どもたちは人種同士で固まらないという点は興味深い。子どもたちの世界に「違い」

は存在していない。違いは個性や特徴でしかない。その個性や特徴を、違いだと熱心に情熱さえもって教え込むのは大人だ。

ここに、ゆがんだ愛国心が生まれる。「外国のドラマを追放せよ」と、デモ行進に参加する行為が、愛国心の表れなのだろうか。これでは、ナチスの時代や江戸時代、戦争時代に逆戻りするだけだ。一昔前、アメリカでも日本製品をバッシングするために、日本製品をメディアの前で壊して見せるという愚行も起きた。そんなことをされても、日本は痛くもかゆくもない。そんな時間があれば、自国の製品の改良にもっと時間を費やせばいい。

今の時点では、一人一人の国民のアイデンティティーが抜き取られているため、愛国心と異文化排斥は、イコールで結ばれる関係となっている。同じ顔をした人、同じ言語を話す人に対する安心感の裏には、子どもの頃から植えつけられた「差別」の心が潜んでいる。はじめは純粋な安心感が、時とともに異文化排斥の意識へと変化していく。その証拠に、子どもでも中高生ともなると大人と似た傾向に傾く。

私は、日本を褒めたり批判したりしたが、本当は、日本は素晴らしい国だと思っている。帰国するたび感動することがある。それは、買い物をした際に、お店の従業員がおつりをトレイに乗せて「ご確認くださいませ」と丁寧に言ってくれることだ。私は、どこの国へ行ってもそんな親切な対応をされた経験がない。むしろ客の私が礼を言っておつりを確認し、店員は無言の場合だって多い。どっちが客なのか、と、むっとしながらでも、口が勝手にお礼を言ってしまう自分を腹立たしく思う。今年、ミャンマー人の友人が日本を旅行したが、そのサービスの質に彼女は驚き、「いつもあなたは礼儀正しく親切だから、それはあなたの個性だと思っていたら、実は国民性なんだね。日本国民全員がそうなんだね。世界のどこを探してもこんな文明国は見たことない」と褒めてくれた。さらに、今の日本の優秀さを見たら、日本がミャンマーにしたことは許してあげようって思ったとまで言ってくれた。

故・司馬遼太郎氏が、『歴史の世界から』（中公文庫）の中で、ドキッとすることを書いている。

「一つには日本は史上はじめてモデルのない時期にきたことも原因しています。昔は中国をなんとなく真似したこともある。近代になってはヨーロッパをすっかり真似してやってきた。ところが今はもうヨーロッパとほとんど肩を並べてしまったので、自分自身でモデルをつくらなければならなくなった。そのモデルづくりが苦心の要るところです」

追いつき追い越したあとの日本は、どうすればいいのだろうか。さらに、同氏が書かれた『坂の上の雲　二』（文春文庫）には、次のようなくだりがある。

「真之は、そうおもうのである。

（文明の段階々々で、ぴったりその段階に適った民族というのが、その歴史時代を担当するのではないか）」

私は、お手本がなくなった日本がこれからの時代を担っていくのではないかという気がしてならない。

第7章　完全な状態のアイデンティティーは削られていく

1．人は本来、完全なるアイデンティティーを持って生まれてくる

最後に、アイデンティティーの確立やそのための教育方法について私の意見を書きたいと思う。

私には、どうしても納得できない事柄が二つある。一つは、「戦犯」についてだ。数年前だが、某国兵士が敵国の兵士の死体に尿をかけるという事件が起きた。オーストラリアのメディアはこの事件に激怒した。確かに死体に尿をかける行為は批判に値するが、私は何かが変だと感じた。その兵士たちはなんらかの罪を問われて起訴されるが、死体に尿をかける行為より、相手を殺した行為の方が罪ではないか。

戦争下であれば、人を殺しても罪にはならず、殺した後に死体に尿をかける行為が罪になる。死体はすでに物質化していて魂は不在なのにもかかわらず、「なんてけしからんことをするのだ」と世論は訴える。人殺しはけしからんことではないのか。戦争自体を完全に棚に上げてしまっている。それでは殺した後、丁寧にマナー（？）をもって埋葬すればいいのだろうか。戦争自体が罪なのに、戦犯という変な言葉をつくったために（戦争自体

が）弁護されている。戦犯として有罪となったその兵士たちがいつか死を迎えたとき、神様に「君たちは、人を殺してもお構いなしで、その死体に尿をかけて罪になったのか？」と苦笑されそうだ。

もう一つは、捕鯨問題だ。五歳ぐらいのときを最後に私は鯨の肉を食べていない。私がそう言うと、父は「違う。あれはイルカだった」と言った。父の言うことが本当ならば、私は生まれてから一度も鯨を食べていないかもしれない。私は二十九歳まで日本に住んだが、鯨の肉がスーパーに並んでいるのを見た覚えがない。誰かが「昨日は鯨を食べた」と言ったのも聞いたためしがない。それなのに、オーストラリアのテレビには、日本のスーパーにずらっと並んでいる鯨の肉が映される。あれは一体どこのスーパーなのだろう。まるで、いつ何時でも日本人は鯨を食べているように報道される。

その次には、捕鯨をしている様子がテレビに映され、スーパーヒーロー（？）のシーシェパードが攻撃をかける場面が放映される。街で「シーシェパードをサポートする」と印刷されたシャツを着ている人を見かけた。いかにも牛や羊を毎日たっぷり食べていそうな立派な体格の人だった。私の日本人の知人も、こちらのテレビで日本の若者が居酒屋で鯨を肴《さかな》に乾杯しているところを見たそうだ。一体どこの居酒屋だろう。私も「鯨ってどうやって食べるの？　すしにするの？」と現地の人に聞かれたが、私は「食べたこともないから、調理法だって知っているわけがない」と少しむっとして答えた。

私は、平均して年に数回はオーストラリアで現地の人たちに、捕鯨の問題について問われる。オーストラリアは非常に熱心に捕鯨に反対している。自分たちだって、動物の肉をたっぷり食べているではないか！　実際日本は規定内だけで捕鯨しているのに、オーストラリアの人々はただメディアに踊らされている。最近また、ある中国系移民の知り合いに捕鯨問題について聞かれた。世界がこれだけ騒いでもなぜ日本は捕鯨を続けるのかという質問だ。「意固地になっているのか？」と思われているらしい。だから私は、日本人は毎日食べているわけではないという事情を説明した。しかし、戻ってきた言葉が興味深い。それは、「でも、テレビで見たよ、大きな鯨を捕まえていたところを……あんなに巨大なものを食べるんだなー」だった。今は、映画でなんでも作り出せる時代なのに、テレビをそこまでなぜ信じるのだろうか。「中国人だって何でも食べているのではないか！」と反論したいのを我慢して、かわりに私は、「それが本当に最近の映像なのかなんて分からない。

オーストラリアのテレビは日本のスーパーにずらっと並んだ鯨の肉を映したりしているが、私は日本でそんなの見たこともない」と答えた。

子どもたちの学校でも、日本人は鯨を食べると先生が教える。「絶滅に瀕している鯨を日本人は食べる」と教える。半分日本人である私の子どもたちは、三人が三人とも、授業で日本人の捕鯨問題を習ったときには、家に帰ってきて「ママ、どうして日本人は鯨を食べるの？」と悲しそうに聞いた。

私は、「それがママは食べたことないんだけどね……スーパーでも売ってるのを見たこともないのにな……友達が昨日は鯨を食べたよって言ったのも聞いたこともない。焼肉食べたなら聞いたことあるけど。日本に帰って外食してレストランのメニューで鯨って見たこともないでしょ？」とお決まりの台詞を言う。子どもたちは、別に先生やクラスメートに個人的に批判されるわけではないにしても、半分日本人であるだけに教室では彼女たちなりに肩身の狭い思いをするらしい。

日本大使館は、日本は規定外の捕鯨はしていないとオーストラリアの邦人用新聞で説明はしてはいる。しかし、私の希望としては、邦人用新聞にだけ静かに日本語で説明するのではなく、海外に住んでいる日本人のためにも、世界中のメディアに向けてもっと声を大きくして説明してもらいたい。できるなら「日本人は規定以外の量の鯨を食べていない」という事実が、よーく理解できるような特別番組を目立つように企画してもらいたい。捕鯨問題が大げさにオーストラリアで報道されている。日本がきちんと説明しないから相手はもっと図に乗る。日本政府が何もしてくれないのなら、近い将来、私は捕鯨問題をもっと詳しく調べて、オーストラリアの新聞に投稿したいと考えているが、捕鯨問題が日本を批判する材料とされているならば、メディアは投稿を拒否するかもしれない。投稿せずとも、これからも私が日本人である限り捕鯨問題に関する質問は受け続けるので、そのとききちんと答えられるように、また不必要な口論も避けるためレポートにまとめておいた方がいいのかもしれない。

シーシェパードにはスポンサーがいるはずだ。オーストラリアと日本が完全に仲良くなると困る人たちはいるのだろう。鯨を食べることに目くじらを立てている人に限って、カンガルーだって羊だって牛だって、バンバン食べているのではないか。カンガルーは食べてもよくて、絶滅の危機の可能性のある鯨は食べてはだめだというのは、人間側から見てみれば道理は分からなくもないが、動物の立場に立って見たらどうだろう。カンガルーにしてみれば、どうして自分は食べられて鯨は守られているのだろうと、きっと不公平だと思うに違いない。カンガルーは、「誰か、僕たちを食べる人たちも批判して！」と思うに違いない。

動物は、どうしてそのような差別をされるのかを理解できない。絶滅に瀕している動物だけ保護するのはあまり意味がない。それは頭隠して尻隠さず的な行為であり、それよりもどうして絶滅に追いやったかの原因を追究して、私たちが行った環境破壊の視点から問題点を見つける努力をした方がいい。

メディアの報道をうのみにしない方がいい。メディアのせいで、ほぼ全員のオーストラリア国民が日本人は毎日たくさんの鯨を食べていると錯覚しているし、日本だって第二次世界大戦の時、すでに日本は苦戦していたのにもかかわらずメディアのせいで日本国民は日本が勝っていると信じていた。メディアはいくらでも他国のイメージや実態のない問題を作り上げる力を持っている。

第三章で、私のパートナーが探し物が見つからず、彼自身のその怒りの対象物を器用にも見つけた話をしたが、エゴは、自らの欠点をカバーするかのごとく、外に腹いせの対象を見つける能力を持っている。メディアは、この人間の性質をうまく利用している場合がある。肉をたらふく食べていることについて、心の奥底ではそういう自分に対して怒りを持っている人がいるかもしれない。動物は、殺されるときに悲しむ。肉を食べるときに、その悲しみを私たちも食べてしまうと言われているため、動物たちの悲しみや怒りが、潜在意識のレベルで残る可能性は高い。その鬱積した怒りをぶつけるには、捕鯨問題は非常に適した対象になりえる。

私は去年、ビジネスをする人をサポートするオーストラリア政府スポンサーのビジネスコースを取って勉強した。あるお昼休憩の時に、私はクラスメートであるイラン人男性とイラク人男性の奇妙な会話を聞いた。イラン人の男性が「いやー、お互い長い間戦争してるねー、もう何年になるんだろう？」と言ったら、イラク人が「いやー、まったくそうだね……」と返した。二人は仲も良かった。この二人ののんびりとした会話を聞いて、私は民間人は本当は敵対国を個人的に憎んでいるわけではないかもしれないと思った。それなのに国やメディアが憎しみ合いをあおる。

私は最近、韓国人と中国人の友人とお昼ご飯を食べたが、「なんか、小さいアジア・サミットみたいだね、主婦同士ならこんなに和気あいあいで楽しいのに、政治となるとどうしてこんなに喧嘩ばかり？」と笑って話した。どうも今の時点では、人間は団体となると一人一人が独立していない分、おかしな方向へいってしまう性質があるらしい。だから、アイデンティティーなくして長い物には巻かれない方がいい。

幕末の思想家または革命家であった吉田松陰の「自分の眼で見、耳で聞かないことは、決して自分の意見として提出してはいけない」という教えは素晴らしいと思う（『小説 吉田松陰』童門冬二著・集英社文庫　参考）。アイデンティティーを持っているなら、自分の眼で見、耳で聞かなかったことを、自分の意見として提出すべきではないからだ。吉田松陰は、弟子のアイデンティティーの確立に全力をそそいだ。決して弟子に押し付けるような教え方はせず、自分で選択し自分で考える力を養えるように弟子を誘導した。

私は、数学と歴史が嫌いだった。中学からの数学と歴史の授業は、実に味気ない、つまらないものだったが、もし数学の先生が、前述の『感動する数学』（ＰＨＰ文庫）の著者である桜井進氏であったり、歴史の先生が、故・司馬遼太郎氏や山本兼一氏であったら、私は数学と歴史が好きになっていたかもしれない。

無味乾燥的な授業を思い出す度に、私はなぜか「飼い殺し」という言葉をイメージする。習ってほしいが天才はいらない、徳川家康の「庶民を殺しもせず生かしもせず」的な方針に、日本の教育はいまだに影響を受けているように私には思える。あれだけ長く続いた時代だ。現代に多少影響が残っていると言っても間違いはないかもしれない。

長く続いた徳川政権は、庶民のアイデンティティーを見事に抜き取っていった。農民の下にも階級をつくり、農民も優越感を感じられるように、またいじめの対象を持てるように配慮した。そのせいで、農民の下の階級の人々は、昭和初期においてまで差別を受け続けた。また実際、人身売買は行われていたのだから、それは奴隷の性質とあまり変わらない。日本は江戸時代を美化し過ぎている。高度に発達していた部分もあったが、首切りなど野蛮であった部分も多い。前述のように、首から上は七つの宝がちりばめられている。それをスパスパ切っていた時代が日本にあったとは、考えるだけでも恐ろしい。さらに恐ろしいのは、まだそれをやっている人たちがこの二〇〇〇年代に存在しているということだ。

私は、二十代の頃、ある英会話スクールで英会話インストラクターとして勤めていた。授業の内容は、生徒にとって実に楽しいものだった。レッスンは大抵四十五分だった。「今日のレッスンはこれでおしまいです」とレッスンの終わりにそう告げると、ほぼ全員が時計に目をやる。そして「あれ？　もうそんなに時間がたったの？」と言いたげな顔をする。学校の授業とは雲泥の差がある。その差はなんであるかというと、レッスンには生徒全員に発言の場があるというところだった。発言は、自分で考える力や自主性を養う。私の高校時代の数学や歴史の授業に発言の場があったことは一度もなかった。

故・本田宗一郎氏は、サイエンス以外の科目は不得意だったそうで、数学も覚えなくてはいけないタイプのものは苦手であったと本に書いてあった。日本の教育に足りないのは、生徒の好きな科目を伸ばしてあげられるなんらかの教育システムかもしれない。好きなことは、直接アイデンティティーの問題につながる。さらにアイデンティティーは、生命力にも関わってくる。私たちは、器用にも、どんなに忙しくても好きなことをするための時間をつくる。好きなことをやりたい一心で、他の用事もテキパキとこなしてしまうからだ。好きなことが軸となり時間を有効に使えるようになる。

私たちは、本来生まれてきた時点で完全なるアイデンティティーを持っている。その事実はキラキラと光っている子どもの目を見れば分かる。生命力であふれている。それなのに、成長していくに従って親や学校教育にアイデンティティーを少しずつ破壊されていく。アイデンティティーは、足し算されず引き算をされていく。生まれたときあった完全な状態のアイデンティティーは削られていく。画家になりたいと言えば、「苦労する、お金にならないからやめた方がいい」と言われるのがごく一般的で、まず夢を壊される。不得意の科目があれば、「どうしてこのくらいできないのか」と詰められ、いやでも劣等感を抱かなくてはいけない状態に置かれる。

また、「お友達よりも成績を良くしなさい」と余計な競争心をあおられ自分自身を失い、自動的に他人に目がいくように導かれる。こうしてライバルを作り、そのライバルが病気で勉強が遅れるような事態にあえば、心ひそかに喜ぶような子どもが出来上がる。子どもが芸能人になりたいと言ったら、「その顔では無理ね」と言った母親がいたそうだ。親の一言は、子どもにとってものすごく影響力がある。

このように、私たちが成人をする頃に、生まれて持ってきたアイデンティティーは、ほぼ破壊されてしまう。アイデンティティーは、今述べたように夢を壊された喪失感、劣等感、競争心に教育によってすりかえられていく。このような魔の教育を受けた子どもは、大人になるにつれ信じるよりも疑うようになっていく。成人しても、アイデンティティーが抜き取られたという非常にアンバランスな状態で、私たちは社会に送り出される。

競争は、姉妹を比較されることによって家族の中にも起きる。骨肉の争いの原因は、親がなんとなくしてしまう比較にあるものかもしれない。私の亡き母が、私が幼い頃に「お姉ちゃんにはできるのに、どうしてあなたにはできないの？」と言ったら、私はむっとして「私はお姉ちゃんじゃない」と言い返したそうだ。その時、母は私の言葉に妙に納得したらしい。「確かにそうなんだね、あなたはお姉ちゃんじゃないものね」と、その時のことを、思い出す度に言った。

母はアイデンティティーという言葉を知らなかったが、きっとかなり深いレベルでアイデンティティーを理解していたのだ。

2.「人間の体は御輿《みこし》である」ことを自覚する

私たちは就学と同時に、親や学校に「競争」を強いられる。順番さえもつけられる。そのせいで私たちの心はいつも外側に向くように仕向けられてしまう。私たちのほとんどが「青い鳥症候群」にかかっていると言えるかもしれないが、これから私たちは、もっと自分の心と体に注意を払うべきだ。そうすることによって自分自身がどれだけ尊い存在であるかを再確認できる。

次女を妊娠中であった時、私は高血圧に悩んだ。その間、私は異常なほどにバナナが食べたくて仕方がなく、一日四、五本は食べていた。後でインターネットで調べて分かったのだが、バナナには高血圧を下げる効果があった。あるイギリスの研究所で、そのような研究結果を出していた。このような結果にたどり着くのに、研究所は多くの時間とお金をかけただろうが、私の体は一瞬にして分かっていた。

何かが食べたいと思うときも、体は瞬時にどの食べ物のどの栄養素をどのくらい必要としているかを正確に計算している。体の一つ一つの細胞には意思があるように、私の体の全細胞は、バナナの栄養分が必要であると訴えてきた。体の細胞は人類の歴史の記憶だって持っているアカシック・レコードとも言えるだけあって、私たちを危険から守ってくれている。料理中に油が飛んでくるとき、走行中の車が危険なほどに自分に近づくときなどは、意識よりも体の方が速く反応する。私の経験から言えば、脳の反応の方が一秒くらい遅れるような気がする。

私たちはまるで守り神のような体に包まれて生きているため、体とは神の精を乗せている御輿のような乗り物であるとも言える。体の信号は重要視すべきで、病気にでもなれば、それは体の全細胞が声を最大にして、何か重要なメッセージを訴えている。私は読者の方に、病気になったらまずお医者さんに診てもらい、次にチャクラの課題を深いレベルで把握し、そして自分の全細胞たちに耳を傾けることをお勧めしたい。

細胞は瞬時にいろいろな計算ができる。私は折に触れてものすごい速さで動いているエネルギーを空中に見ることがある。それがどのようなものであるのかうまく言葉では説明ができないが、その速さを凝視しているうちに、その動きに見覚えがあるのに気づいた。

「これって……人間の血液の流れの速さではないか？」と思った。

インターネットで血液の流れの速さを調べてみると、時速二一六キロであることが分かった。血液は、二一六キロで流れているのに、私たちの思考や行動はなぜこんなにゆっくりなのか。高次元へ移行するには、円や回転に秘密があると思っているが、おそらくスピードも関係している。地獄のような苦しい時間はゆっくりと進み、天国のような楽しい時間は速く進むように、高次元にいくほど波動は速くなっているようだ。このように述べると、第3章の1の内容と前後するようだが、ただいたずらにあせって時間の進みを速めるのではなく、時間をより有効に有意義に利用すれば逆に満足感を得られるため、いい意味で時間の進みが速くなる。


私がこれまで経験してきた神秘体験は一瞬にして起きる。テレパシーや第六感、あらゆる予感は一秒よりも速い速度で起きる。私の経験したテレパシーを紹介してみよう。

離婚に踏み切るか否かの決断に迫られていたとき、私は、ゴールドコースト郊外に住んでいるオーストラリアでは有名な霊能者に相談した。彼女はオーストラリア警察の捜索にも協力するほどの人だが、結局は、ご主人ともっと話し合いなさいというアドバイスを受けただけだった。なんとなく彼女の助言に物足りなさを感じながら車に乗り込むとき、彼女は別の相談者をすでに玄関先で迎えていたところだった。ふと彼女と私の目が合ったその瞬間、テレパシーというものを私は初めて受け取った。テレパシーとは、不思議なもので、どんなに長い内容の事柄でも、一瞬にして体の全細胞に伝わる。それも、一秒よりも短い時間にだ。彼女が送ったテレパシーの内容を言葉に通訳すると、「あなたは、私の言ったとおりにはしないでしょうね」となる。この台詞を言うのに四、五秒はかかるのに、テレパシーなら一秒もかからない。

私は一度、自分好みのタイプであると思い込んでいた男性とデートをしたことがある。しかし、物理的な距離が近づいたとき私の体が拒絶反応を起した。大げさかもしれないが、私の体の全細胞が「だめだ、やめとけ！」と大声で叫んだ（？）ような気がしたのである。映画『スパイダーマン』で、ヒロインが婚約者とキスをした後に妙な嫌悪感をもよおすシーンがある。『スパイダーマン』のヒロインはその感じを実にうまく表現していた。彼女は、実生活でも同じ体験をしたのかもしれないし、女性なら誰でもこのような経験はあるだろう。

「動物的なカン」は、「細胞のカン」とも言える。人間は、自分の思考や感情に嘘をつき、自分で自分をだますこともできる。しかし、細胞たちだけには嘘は通用しない。細胞たちは絶対にだまされない。嘘をついたとたんに、体が病気になって抵抗をしてくる。自分に嘘を言い続ければ、ある日突然、理性を無視して意思に反する形で、口が勝手に発言する場合もある。

「あれ？　私は、今なぜこんなことを言ったのだ？　口が勝手に喋ったようだ」というような経験がある人は多いだろう。口は、本人の許可なしで喋るときがある。このような現象を、私たちは、「口がすべる」と言う。口がすべって出てきた言葉は、大抵は本音であるゆえに、「つい口がすべっただけだ、本音ではない」という言い訳は非常に聞きづらいので、そういうことが起きた場合は、素直に認めた方が可愛げがある。

二〇一四年に、書道家である日本人の友人と、シドニーのアーティストと私を入れて（この中で私だけは素人なのだが）、シドニーで個展をする予定になっていた。しかし、はじめにマレーシアの飛行機が失踪した際に、私は友人に「今年は飛行機の事故が相次ぐかも。だからもう一度事故があったら、こっちに飛ぶのは危険かもしれないから、個展は延期にしよう」と言った。結果的には当たったのだが、今考えて見ると、私はどうしてそのような発言をしたのか全く分からなかった。口が勝手に喋ったのだ。まるで口には独立した意思があるようだ。完全犯罪を犯したつもりの犯人でも、口が余計なことを勝手に喋ってボロが出るときがあるように。

全細胞が大騒ぎをすると胸騒ぎが起きる。胸騒ぎを感じたなら、胸騒ぎが完全になくなるまで何かをした方がいい。私の場合は、胸騒ぎがなくなるまで読経をする。宗教や本尊をお持ちでない方なら、瞑想をするとか波長が高まるような音楽を聴くとか、散歩に出かけて自然にふれるなど、胸騒ぎを打ち消すなんらかの方法を持つことをお勧めしたい。

そうすると、自分をとりまく見えない世界に変化が生じ、こちらの世界にも影響する。波長を高めれば波長の法則が働き、嫌な出来事を最小限に抑えられる。胸騒ぎをそのままの状態でほうっておき、本当に悪い出来事が起きたなら、せっかくの細胞大騒ぎは水の泡と化する。

私たちを守っている存在からの警告は、夢に現れるときもある。私の体験を例にとってみよう。

ある朝方、私は三女の夢を見たが、あまり良い夢ではなかった。私は、三女を学校へ行かせるか行かせないか躊躇《ちゅうちょ》した。休ませるには学校に届けなくてはいけないのであるが、まさか「すみません。夢見が悪かったので子どもを休ませます」とも言えないと思った。それに、夢の感じからすると致命的ではなさそうだったので、私は思い立ち三女を早めに起こして、強制的に三十分ほど読経させた。

良くない夢を見たことは、子どもの意識に入らないように子どもには言わず、、普通に学校へ行かせたが、そのあと胸騒ぎに襲われたので、今度は私が胸騒ぎが治まるまで読経をした。夕方、三女は無事に帰宅した。夕食のときになって、三女は、その日階段から落ちたという話をした。三女は、ふわふわと階段から落ちたと笑って話した。

悪い夢を見たり胸騒ぎに襲われたら「うきうき」した感じの波長までもっていく努力をした方がいい。それも即実行が好ましく、うきうき状態まで自分をもっていけるなら方法はなんでもかまわない。胸騒ぎを野放しにしない方がいい。

逆に良い夢は、二〇〇％信じた方がプラス思考につながる。霊界にいる亡くなった私たちの親族は、いろいろな物を象形文字として使用して、メッセージを伝えてくれる。夢に出てくる物一つ一つに意味がある。良い夢も悪い夢も記録する習慣をつけると、夢は私たちをさらに積極的に導いてくれる。私たちには、夢やカンなど非常に便利な道具が備わっているが、しょせんそれらは道具である以上、使用しなければ、ただの宝の持ち腐れとなる。

人間は、膨大な時間とお金をかけて空を飛べるようになった。それなのに、渡り鳥はナビゲーターなしでも正確に目的地へ行ける。地震だって感知できる動物もいる、知らぬは人間様だけだ。動物は言葉も道具も持たず、自分たちの体だけを頼りにしている分、体全体が危険察知器のようになっているのだろう。私たちは、もう十分過ぎるぐらいに遠回りをしてきた。そしてその「遠回り」は紛れもなく、地球環境にダメージを与えてきた。私たちは、これから「近道」についてもっと真剣に考えるべきではないか。自分自身が崇高な存在であると自覚することは一番の近道となる。私たちの体中に神経は通っているが、

「神経」とは、神のみちとも読める。「神経にさわる」「神経が安らぐ」「神経を集中させる」「神経を研ぎ澄ませる」「神経をすり減らす」「神経が高ぶる」などと神経を使った言い回しは多いが、実際に私たちの体中に神の道が張りめぐっているものなのかもしれない。

私は、幼い頃から不思議な体験をたくさんしてきた。しかし、これは私に限ったことではなく、多くの人が私のような体験をしているが、心の奥底にしまい込んでしまっているだけのことだろう。二十年前ぐらいになるが、私は、UFOにも乗せていただいたような気がするが、実のところ、記憶が断片的で夢であったのか実際にあったことなのかの区別がつかない。このような不思議体験の中でも、最も私の世界観を大きく変えた事件は、次に紹介するテレポーテーションであった。

ある夏の夕方、私は二階の自分の部屋で宿題をしていた。中学生ぐらいの頃であったと思う。宿題が済み、夕食も出来た頃かなと思い、階段をおりて下へ行った。そして、台所に行く前にトイレに寄ろうとした。廊下の突き当たりにトイレはあるが、私はトイレに到着できずに何か硬い物体にぶつかった。ちょうどお腹のあたりだ。トイレの前に障害物があるはずはなかった。当然そこには何もないと思って歩いていたので、まともにその硬い物体にぶつかった。私はお腹をさすりながら、「一体、何なの？」と薄暗い廊下を見た。よく目を凝らして見ると、そこには私の二階にあるはずの勉強机が……すっぽりとうまい具合に縦に収まっていた。

私は、すごいなーと感心しながら、まじまじと机を眺めて手でも触れてみた。確かに二階にあった私の机だ。次の瞬間、大変だ！　これではトイレに行けないではないかと気づき、あわてて「お母さん、大変よ。トイレの前に机があってトイレに行けないよ、どうする？」と叫びながら台所に走った。台所で料理中の母は振り向きもせずに「何を寝ぼけてるの？　もう一度見てきなさい」と言っただけだったので、私は母に言われたとおりにした。机はなかった。机は何事もなかったように、ちゃんと二階に戻っていた。

私が一瞬だけ違う次元に入ったのか、私があまりにも一生懸命（？）勉強したので、私の念が机を動かしたのかは分からなかった。お腹の痛みと実際手で触れた机の感触が、机の瞬間移動が事実だったことを証明している。異次元のポケットは、この三次元に必ず存在する。その存在は、私たちが、「遠回り」を止めた時に明らかになるのかもしれない。

私は幼少の頃から、数多くの不思議な体験をした。そして、このような不思議な体験は少し意地悪く、いつも私に垣間見せる程度にしか物事を見せてくれない。まるで、「後は、自分で、自分の魂を磨き上げて、自力で全貌が分かるようにせよ」と誰かが言っているようだ。例えば、私は次女に腕枕をしながらうとうとしていた夜、突然、おそらく球形の物体が、私の顔面で破裂したが、痛みはまったくなかった。その振動で、うとうとしていた次女も飛び起きた。次女は、「ママ、今のはラッキーボールよ」と、あっさりと笑ってしまいだったが、私は、いまだにあの物体がなんであったか分からない。分かるまで考え続けるしかないのだ。

人間とは、本来とてつもない力を持っているものかもしれない。その力を発揮させるには、前述のように、まず言葉と念と行動を統一させなければ、力が分散されて思うようにはいかないようだ。

3. 地球の人々は三つのグループに分かれる

どの宗教も建前上では、すべての人の幸福を願うと説いてはいる。しかし最近、私たちはその意味を取り違えているのではないかと思うようになった。価値観は押し付けるものではないし、すべての人を救おうとすると、人々に多大な迷惑をかける場合がある。子どもは教えてあげないと分からないことが多いが、大人は人に教えてもらわなくても自分で分からないといけないところが、子どもと大人の違いだ。『ＰＨＰスペシャル　お金に振り回されない生き方（二〇一三年十二月）』の中の連載記事「私家版門外漢の仏教論」（精神科医・名越康文・筆）にも、「相手の自発性を少しも損なわない形で影響を与える」というのが「導く」ということだと書かれている。

この先、地球の人々は、何個かのグループに分かれる。

（１）人種差別や競争または戦争を精神的成長過程にまだ必要としている人たちのグループ

（2）物質社会にまだどっぷりとつかっていたい人たちのグループ

（3）そしてこのような過程をすでに必要としていないグループ

はじめの二つのグループは特に次元シフトを必要としていない。今までどおり、気が済むまで続ければいい。

一番目のグループの戦争や殺人が好きな人たちは確かに存在する。過激派グループなどが行う公開処刑は恐ろしいが、処刑を行う側は見物にくる人間がいるからこそ公開する。見る側とする側のニーズは一致している。だから本当は、公開処刑を見物したり、ネットで観覧したりする人の存在も恐ろしい。公開処刑を目で見たいという心理は、どう公平に見ても野次馬根性としか思えない。

日本の書店にずらっと並んでいる「なんとか殺人事件」を目にする度に、殺人がエンターテイメントとなっている地球は怖いと感じる。人間の遺伝子には残酷な要素が含まれている以上、その悪の部分を満たすには、ある程度ハードボイルドやホラー映画が必要なのかもしれないということは理解できる。ただ「なんとか殺人事件」の中には名作もたくさんあるのに、題名がどうしてこうワンパータンなのだろうか。

そう遠くない将来に、地球のごちゃ混ぜ状態は霊界のごとくきれいに整理される。その整理がどのような形で行われるかは分からない。一番目と二番目のグループが地球に居残るのか、三番目の人たちが次元移動するのかは分からないが、自分と同じ境涯の人にしか出会えなくなる傾向は、これからますます強くなっていく。しかし、三番目の人たちも、一番目と二番目の人たちを見下さない注意が必要だ。精神的にかなり成長していても成長していない人たちを軽蔑する人たちは案外と多い。

おわりに

二〇一二年の十二月、地球は終わりを迎えなかった。

だからといって「ほーら、何にも起きなかったではないか」なーんて安心している場合ではない。事実を見ようとも追究しようともせずにただ楽観的でいるよりも、できるかぎり事情を把握し深いレベルで思考した上で楽観的になれる方がもっと価値がある。

むしろ後者は、悟りの域に入っているとも言える。繰り返すが、「無知が仏」ではない。例えば、人工地震、生物兵器による疫病についての話題になれば、「そんなことはありえない」と反射的に耳を閉じてしまう人がいる。

耳を閉じると思考も閉じる。だから神は、耳は閉じることができないように創った。「そんなことはありえない」という人のお得意の言い訳は、「まず証拠がない」。だが、「そんなことはありえない」という証拠だってないことを理解していない。「そんなこと」がありえる可能性は十分にある。

この数年間、私は何度も、災害などに遭った人々が、「今までこんなことはなかった」

と言ったのを聞いた。私たちは、今まで起こりえなかった人災や災害がどうして起きているかを真剣に個人レベルで考えなくてはいけないときに来ている。

日本では、まるで日替わりで殺人事件が起きている。すでに犯してしまった罪に対して、加害者は七倍のカルマを受ける。つまり、一人の人間が重い罪を犯せば、地球にはその罪の七倍の悪い出来事が起きる。カルマの支払いのための悪役も増える。その悪役は、また七倍のカルマを受ける。このようにして、カルマは雪だるま式に膨れ上がり、良いカルマを上回る恐れさえ出てきた。このような理由から、「今まで起きなかったこと」は、起きざるを得なくなってきた。

現世には、罪に対して法律上、時効がある。しかし、霊界を含めた宇宙には、罪に対しての時効はない。私たちは、過去を水に流し続けたせいで戦争を繰り返している。過去の汚点を浄化しない限り、明るい未来は期待できない。人間の忘れる能力こそが最も素晴らしい神からの贈り物であると、能天気になってばかりはいられない。神からの贈り物どころか、魔からの贈り物である可能性もある。忘れるから進化が遅れる場合もあるからだ。

汚れた過去の上に輝かしい現在と未来を期待するのは、荒れたお肌に一生懸命、厚塗りを試みているのと同じ理屈だ。厚塗りをしてどうすることもできないひどいお肌にしてしまわないように、まず私たちは、それぞれがアイデンティティーを取り戻さなくてはいけない。アイデンティティーなくして、自分自身と向き合うことも、自分のカルマや使命を発見することもできないからだ。

冒頭に紹介した不思議な白人女性に出会ってから、約十年が過ぎた。つまり、私自身アイデンティティーというものを追究するのに十年という時間を要したことになる。

現在、すでに地球にシフトが起きている分、読者の方へ、どうかご自分のアイデンティティーを取り戻すために、私のように十年もかけないことを願う。あわてる必要はないが、急ぐ必要があると感じている。

最後に、たま出版の方々にお礼を申し上げたい。本書は、はじめ八〇頁にも満たない小品であったが、中村利男専務に励まされたおかげで内容を充実させることができ、書籍としてのかたちを整えることができた。

それと、最後の最後に、私にインスピレーションを与えてくれた存在にも感謝したい。

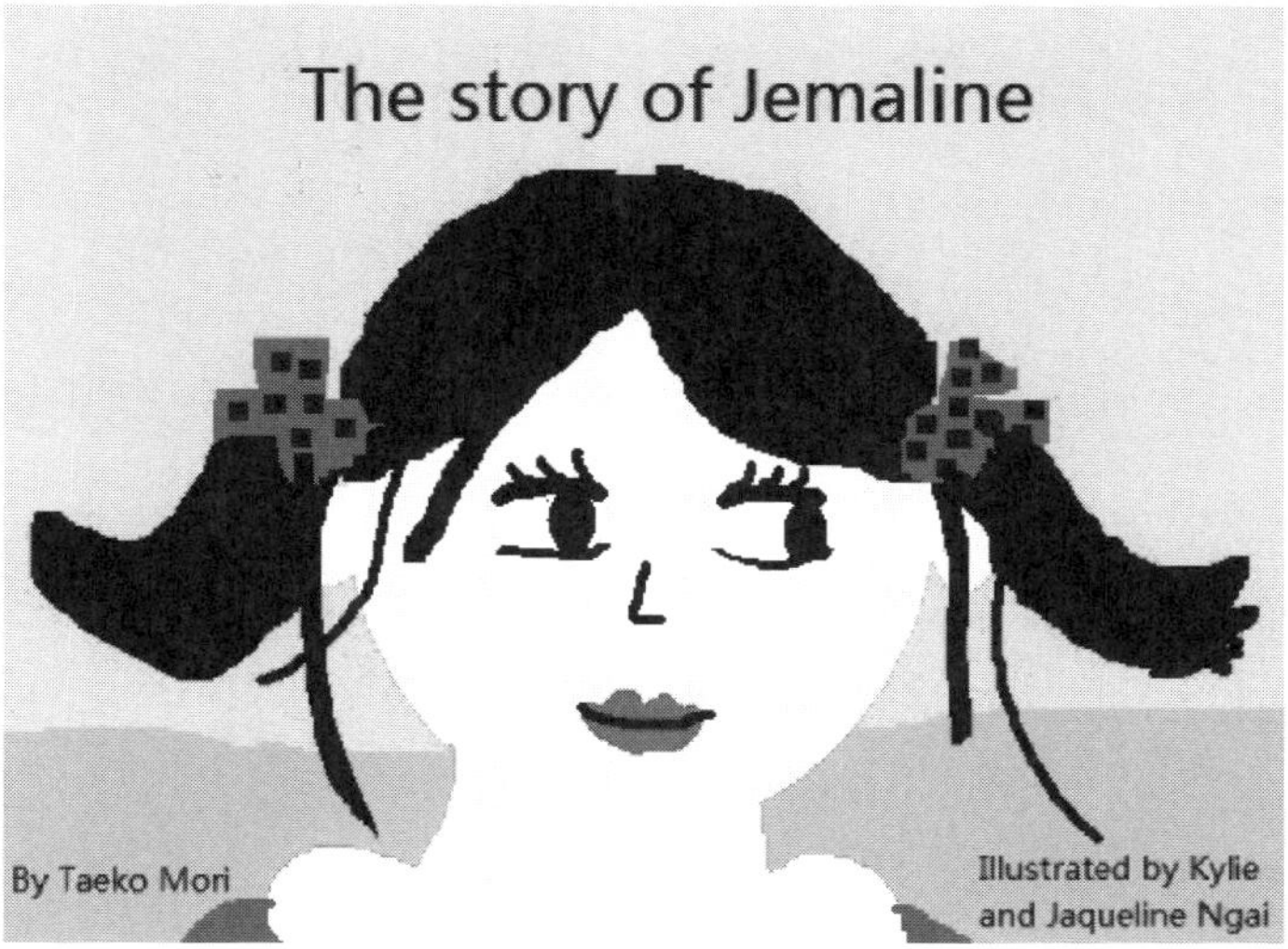
The story of Jemaline
By Taeko Mori
Illustrated by Kylie
and Jaqueline Ngai

Jemaline was 7 years old. She was in year 2 at primary school. She enjoyed school very much. She loved learning and playing with friends.

During the lunch break, Jemaline played with Monica and other two girls. She looked forward to the fun lunch break everyday until...

Monica started to play "Leaving one out" game.
Jemaline was always the one who had to be left alone.
You must eat alone.
You can't eat with us.
LUNCH

For everyday she became alone at lunch time.
She realized that food tasted much nicer when having company.

She felt embarrassed to be alone. She didn't want other people to see that she was alone. So she decided to hide behind buildings. But she loved rainy days, because everyone stayed in the class room and she could eat lunch with all her class mates.

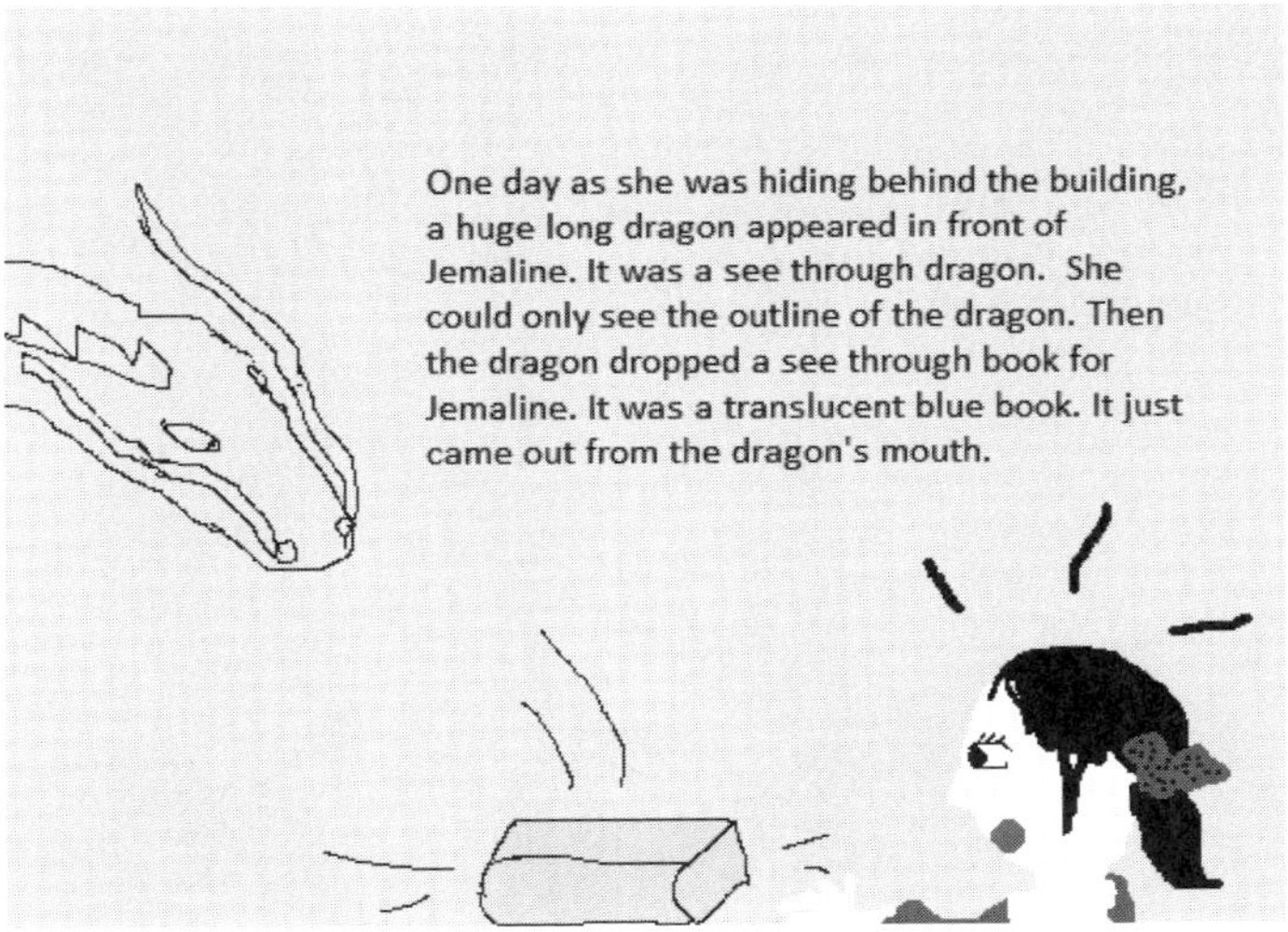
One day as she was hiding behind the building, a huge long dragon appeared in front of Jemaline. It was a see through dragon. She could only see the outline of the dragon. Then the dragon dropped a see through book for Jemaline. It was a translucent blue book. It just came out from the dragon's mouth.

Although Jemaline tried to pick the book, her hands just went through.
But strangely she understood what the book said.
It said...

The life is not to challenge other people , but to challenge yourself.
There are always
"good me and bad me"
"hard working me and lazy me"
"kind me and unkind me"
"brave me and weak me"
in your mind.
Both positive me and negative "me" have the same power.
But the good news is you have a choice to let either "positive me" or "negative me" win.
Now will you be brave enough to ask someone to play with you?

So Jemaline asked one of her classmates called Chloe to play together. And Chloe said "Yes". "Will you be my best friend?" Jemaline asked and Chloe nodded. Jemaline was happy again.
Then the book continued to say in her mind...

"I know you are disappointed with Monica. But remember you now know what it is like to be alone. How can you help lonely people if you don't know how they feel? You know what to do if you see someone who is alone or looks lonely."

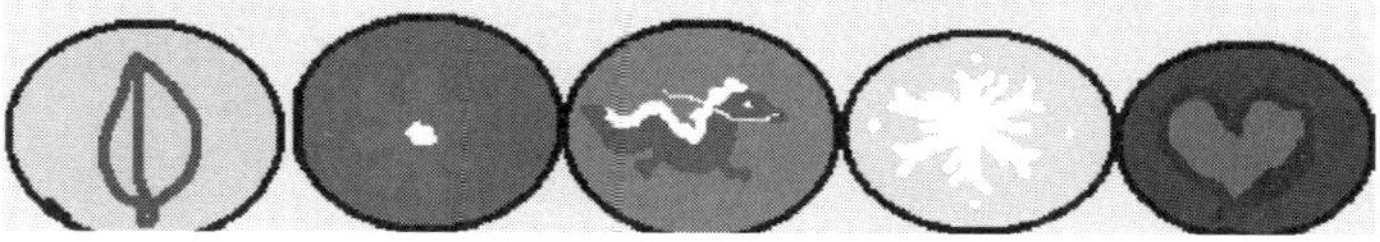

As the school bell rang, Jemaline saw the dragon going back to the sky.
The dragon said " I'll be back " to Jemaline's mind.

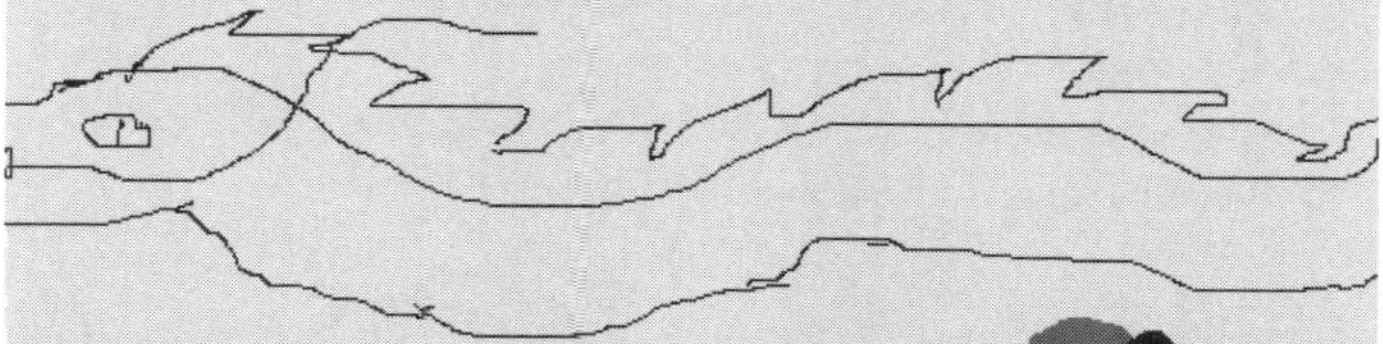

To be continued.

〈著者プロフィール〉

森　妙子（もり　たえこ）

1965年生まれ。東京都出身。オーストラリア在住。3人の子どもを持つ主婦。
約10年前に、電車の中で不思議な白人女性に出会い、「あなたには、地球のこちら側でしなくてはいけないことがある」と言われ、以来、10年間にわたり、アイデンティティーについて追究を深める。本書は、その成果をまとめたものである。

魔を寄せつけない自分をつくる

2015年11月18日　初版第1刷発行

著　者／森　妙子
発行者／韮澤潤一郎
発行所／株式会社たま出版
〒160-0004 東京都新宿区四谷4-28-20
☎ 03-5369-3051（代表）
http://tamabook.com
振　替　00130-5-94804
組　版／一企画
印刷所　株式会社エーヴィスシステムズ

ISBN978-4-8127-0386-1 C0011